Jela Henning

111 Orte in und um Flensburg, die man gesehen haben muss

Mit Fotografien von Jens Hinrichsen

emons:

Für Nele und Merle

Bibliografische Information der Deutschen Nationalbibliothek
Die Deutsche Nationalbibliothek verzeichnet diese Publikation
in der Deutschen Nationalbibliografie; detaillierte bibliografische
Daten sind im Internet über http://dnb.d-nb.de abrufbar.

© Emons Verlag GmbH
Alle Rechte vorbehalten
© der Fotografien: Jens Hinrichsen
© Covermotiv: Foto Nordertor: Jens Hinrichsen
Layout: Eva Kraskes, nach einem Konzept
von Lübbeke | Naumann | Thoben
Kartografie: altancicek.design, www.altancicek.de
Kartenbasisinformationen aus Openstreetmap,
© OpenStreetMap-Mitwirkende, ODbL
Druck und Bindung: Hitzegrad Print Medien & Service –
Lensing Druck Gruppe, Feldbachacker 16, 44149 Dortmund
Printed in Germany 2017
ISBN 978-3-7408-0241-7
Originalausgabe

Unser Newsletter informiert Sie
regelmäßig über Neues von emons:
Kostenlos bestellen unter
www.emons-verlag.de

Vorwort

Das Pils, der Sexshop, die Punkte – Flensburg hat seinen Ruf weg. Zu Unrecht. Denn die Stadt zeichnet viel mehr aus als das »Plopp« des Bieres aus der Bügelflasche. Obwohl, wussten Sie, dass Doktor Wunderlich – ja, der Mann heißt wirklich so – für den Sound des »Plopp« verantwortlich ist? Dass Beate Uhse, die Gründerin des ersten »Ladengeschäfts für Ehehygiene«, die Kondome in einer Wickelkommode lagerte? Oder dass es Flensburger Punkte auch zum Vernaschen gibt? Die nördlichste Stadt Deutschlands überrascht. Mit ihrer Historie, den Menschen, der Kunst und der Natur.

Mit knapp 95.000 Einwohnern ist Flensburg schon Stadt, aber noch nicht Großstadt. Im Hafen liegen modernste Luxusyachten neben historischen Großseglern. Deutsche und Dänen leben friedlich miteinander – zumindest in der jüngeren Geschichte. Historische Kaufmannshöfe prägen die Altstadt, erinnern an Seefahrer, Walfänger und den Westindienhandel, der den Ruf Flensburgs als »Rumstadt« begründete. Die Landschaft ist geformt von der letzten Eiszeit, 1.900 Hektar Feld, Wald und Wiesen lassen die Stadt grün erscheinen, dazu viel Wasser in der Umgebung. Apropos Umgebung: Die deutsch-dänische Grenzregion gehört für viele Flensburger zu ihrem (Alltags-)Leben dazu, als Wohnort, Arbeitsstätte oder Ausflugsziel. Deshalb ist sie auch in diesem Buch vertreten, lautet der Titel: »111 Orte in und um Flensburg, die man gesehen haben muss«.

Menschen, die mit scharfer Zunge reden, moderne Erfinder mit uraltem Wissen und ein Künstler, der auf Goldkurs ist – auch sie gehören zur deutsch-dänischen Grenzstadt Flensburg. Doch wo genau haben sie ihre Spuren hinterlassen? Welchen Ort prägen sie? Es gibt noch viel zu entdecken in der Stadt an der Förde: Unbekanntes, Unerwartetes und Unglaubliches, das selbst viele Flensburger nicht kennen.

111 Orte

1. 51 Stufen | Flensburg
   Vorhang auf für Filme abseits des Mainstreams | 10
2. Der alte Lokschuppen | Flensburg
   Von der Triebwagenhalle zum Architekturbüro | 12
3. Der alte Schlachthof | Flensburg
   BMX-Künstler statt Schlachtvieh | 14
4. Der Architektentraum | Flensburg
   Sicheres Wohnen in luftiger Höhe | 16
5. Das Atelierhaus | Flensburg
   Asien trifft Europa | 18
6. Bens Fischbude | Flensburg
   Letztes Fischbrötchen vor der Grenze | 20
7. Der Bleistift | Flensburg
   216 Meter Stahl | 22
8. Die Blumenvase | Flensburg
   Oder doch eher Grogglas? | 24
9. Die Bronzestatue »Gerettet« | Flensburg
   »Gerettet« ist gerettet | 26
10. Die Bundsen-Kapelle | Flensburg
    Das Tor vom Leben zum Tod | 28
11. Das Bürstenparadies | Flensburg
    Kennen Sie die Milchschäumerschlauchbürste? | 30
12. Das Café der 1.000 Kannen | Flensburg
    Besuch vom japanischen Fernsehen | 32
13. Die Dagmar Aaen | Flensburg
    Ein Haikutter im Polareis | 34
14. Das Deutsche Haus | Flensburg
    Reichsdank für deutsche Treue | 36
15. Das Haus Devonhurst | Flensburg
    Rätselhafte Geschichte eines Namens | 38
16. Die Dicker-Willis-Koppel | Flensburg
    Ernten, was gesät wird | 40
17. Die Duborg-Skolen | Flensburg
    Eine Schule ohne Dach – oder doch nicht? | 42
18. Die ehemalige Kommandeursvilla | Flensburg
    Die Lederjacke und die Kapitulation | 44

19 ___ Das Eiszeit-Haus | Flensburg
Flensburger Gestein | 46

20 ___ Die Erfinderwerkstatt | Flensburg
Ein Blick hinter die Kulissen | 48

21 ___ Der Fischereiverein | Flensburg
Tradition seit 1872 | 50

22 ___ Die Fischerhütte | Flensburg
Frischer Fisch vom Kutter | 52

23 ___ Das Flensborghus | Flensburg
Waisenheim und Zuchthaus zugleich | 54

24 ___ Der Geigenbauer | Flensburg
Ein Himmel voller Geigen | 56

25 ___ Die Gewölbemalerei | Flensburg
Listiger Fuchs und Wolf im Schafspelz | 58

26 ___ Das Grabmal | Flensburg
Aus dem Boden bis zum Himmel | 60

27 ___ Die Groschenseite | Flensburg
Mit Blick aufs Wasser | 62

28 ___ Der Grüne Campus | Flensburg
Oslo, Helsinki, Riga | 64

29 ___ H 513 | Flensburg
Kompagniestraße 4 | 66

30 ___ Die hängenden Schuhe | Flensburg
Drahtseilakt | 68

31 ___ Herr Groß | Flensburg
Von einem Stamm | 70

32 ___ Der Historische Fasskeller | Flensburg
Zehn Mark Branntweinsteuer | 72

33 ___ Der Idstedt-Löwe | Flensburg
Was für eine Odyssee! | 74

34 ___ Die Jakobsmuschel | Flensburg
Symbol der Pilger | 76

35 ___ Das Käte-Lassen-Fenster | Flensburg
Glaubensbekenntnisse auf Glas | 78

36 ___ Der Kapitänsweg | Flensburg
Wie lang ist eine Reeperbahn? | 80

37 ___ Der Kaufmannshof | Flensburg
Dem Städtebauförderungsgesetz sei Dank | 82

38 ___ Das kleine Tauchermuseum | Flensburg
Schätze aus der Unterwasserwelt | 84

39 **Das Kompagnietor** | Flensburg
Mit Ballast zu Geld | 86

40 **Der Krahn** | Flensburg
»Liebe Sabine …« | 88

41 **Der Krusehof** | Flensburg
Alte Häuser brauchen alte Materialien | 90

42 **Le Kiosque** | Flensburg
Französische Musik vom Plattenteller | 92

43 **Das Liebespaar** | Flensburg
Dem Himmel so nah | 94

44 **Der Margarethenhof** | Flensburg
Die süße Seite Flensburgs | 96

45 **Migges Danish Bakery** | Flensburg
Pausenraum | 98

46 **Die Mondsichelmadonna** | Flensburg
Salben, Pillen und Säfte | 100

47 **Der Mühlenstein** | Flensburg
Oase der Ruhe | 102

48 **Der Mühlenteich** | Flensburg
Grab eines Eisenbahnwaggons | 104

49 **Die Mumiengrotte** | Flensburg
Ein Grab im Garten | 106

50 **Die Museumswerft** | Flensburg
Bootsbauer gesucht | 108

51 **Der Neptunbrunnen** | Flensburg
Abifeier mit Neptuntaufe | 110

52 **Das Nordertor** | Flensburg
Das Wahrzeichen der Stadt | 112

53 **Der Ochsenweg** | Flensburg
Für Pilger, Ochsen und Radfahrer | 114

54 **Der Oluf-Samson-Gang** | Flensburg
Tote Hose in der Liebesgasse | 116

55 **Die Orgel** | Flensburg
Meisterwerk des Klangs | 118

56 **Das Orpheus Theater** | Flensburg
Eines der kleinsten Theater Deutschlands | 120

57 **Das Pariser Zimmer** | Flensburg
Gold für einen Flensburger | 122

58 **Der Parkhof** | Flensburg
Eine Wohnanlage mit eigener Zeitung | 124

59   Das Pastorat | Flensburg
Kondome in der Wickelkommode | 126

60   Piet Henningsen | Flensburg
Was hängt denn da? | 128

61   Die Pilkentafel | Flensburg
Fährmann, hol rüber! | 130

62   Die Polizeidirektion | Flensburg
Einst ein Hotel, das aus Wut gebaut wurde | 132

63   Der Pranger | Flensburg
Gotteslästerung und Holzklau | 134

64   Das Rote Schloss am Meer | Flensburg
Mehr als eine Kadettenschule | 136

65   Das rote Sofa | Flensburg
Silberbesteck und alte Yachtsportzeitschriften | 138

66   Das Ruderhaus | Flensburg
Fundstück in einem Garten | 140

67   Der Rummelgang | Flensburg
Grüne Oase mit Rehbock | 142

68   Der Salondampfer | Flensburg
»Ohaueha, was'n Aggewars!« | 144

69   Die Sankt-Jürgen-Kirche | Flensburg
Einst eine Siedlung mit Leprakranken | 146

70   Die Sankt-Jürgen-Treppe | Flensburg
Einer der schönsten Aussichtspunkte | 148

71   Der schmalste Rumladen | Flensburg
Flotter Dreier | 150

72   Die Seebrücke | Flensburg
Damen nur montags und donnerstags | 152

73   Solitüde | Flensburg
Gemeinsam in der »Einsamkeit« | 154

74   Der Sol-Lie-Park | Flensburg
Ein Eisenbahndirektor als Landschaftsplaner | 156

75   Die Sophienquelle | Flensburg
Eine Badeanstalt zur Hautpflege | 158

76   Die Spiegelgrotte | Flensburg
Spieglein, Spieglein an der Wand | 160

77   Der Stolperstein | Flensburg
Ein Stein, der deinen Namen trägt | 162

78   Das Straßenbahndenkmal | Flensburg
Drum herum statt mittendurch | 164

79 **Das Sudhaus** | Flensburg
Das Geheimnis des »Plopp« | 166

80 **Die Tattoo-Kajüte** | Flensburg
Piek mol wedder in | 168

81 **Das Taufbecken** | Flensburg
363 Mark Arbeitslohn | 170

82 **Die Teufelsbrücke** | Flensburg
Viel Sprengstoff | 172

83 **Der Tomatenberg** | Flensburg
Aus Sch… Tomaten machen | 174

84 **Der Tresen** | Flensburg
Die älteste Kneipe Flensburgs | 176

85 **Der Turm zu Babel** | Flensburg
Licht aus Norden | 178

86 **Der Volkspark** | Flensburg
Ein Garten auf öffentliche Kosten | 180

87 **Das Volksparkstadion** | Flensburg
Bierathlon, Gummistiefelweitwurf und Rumkugeln | 182

88 **Volvox** | Flensburg
Von lateinisch volvere: wälzen, rollen | 184

89 **Die Walzenmühle** | Flensburg
Glück zu! | 186

90 **Die Weiße Pforte** | Flensburg
Kein Schutz vor Holzdieben | 188

91 **Die Welle** | Flensburg
Eine Brunnenposse | 190

92 **Der Westindienspeicher** | Flensburg
Beliebtes Fotomotiv | 192

93 **Das Windloch** | Flensburg
Dat Pussloch | 194

94 **Yellow Submarine** | Flensburg
Die Pilzköpfe in Flensburg | 196

95 **Der Zeppelin** | Flensburg
LZ 126 und der Traum vom Fliegen | 198

96 **Die Destille** | Dollerup
Alles Apfel, oder was? | 200

97 **Die Archimedische Winde** | Glücksburg
Kostbares Trinkwasser für Indien | 202

98 **Der Kleinplanet Flensburg** | Glücksburg
Nummer 14632 | 204

| 99 | Das Naturschutzgebiet Holnis | Glücksburg
| | *Ein Paradies (nicht nur) für Vögel* | 206
| 100 | Das Schloss Glücksburg | Glücksburg
| | *Heiraten wie im Märchen* | 208
| 101 | Das Seemannsgrab | Glücksburg
| | *Sagenhaftes Holnis* | 210
| 102 | Der Brunnen | Harrislee
| | *Wasser für alle* | 212
| 103 | Die Burg Niehuus | Harrislee
| | *10.000 Mark Lübsch* | 214
| 104 | Der Fledermauswald | Harrislee
| | *Schwalben der Nacht* | 216
| 105 | Der Gendarmstien | Harrislee
| | *Historischer Wanderweg* | 218
| 106 | Die Grenzbrücke | Harrislee
| | *Von Schmugglern und Zöllnern* | 220
| 107 | Die Kupfermühle | Harrislee
| | *Ein Stück Industriegeschichte* | 222
| 108 | Abrahams Quelle | Kruså (Dänemark)
| | *Die Geschichte vom zerbrochenen Becher* | 224
| 109 | Das Museumsdorf Unewatt | Langballig
| | *»U, ne watt is dat hier doch scheun!«* | 226
| 110 | Der Gedenkstein | Munkbrarup
| | *Meilenstein im Straßenbau* | 228
| 111 | Der Bommerlunder Stein | Padborg (Dänemark)
| | *Ein Erfolgsrezept für 40.000 Goldmark* | 230

1 51 Stufen
Vorhang auf für Filme abseits des Mainstreams

Es sollte ein Name sein, der zum Haus passt und der irgendetwas mit Film zu tun hat. Schließlich ging es um ein Programmkino. So kamen die Betreiber auf den Namen »51 Stufen Kino«. In Anlehnung an den Alfred-Hitchcock-Film »Die 39 Stufen« und die 51 Stufen, die zum Kino im Deutschen Haus (siehe Ort 14) nach oben führen. Die ersten 28 Stufen sind aus Marmor und die 23 Stufen ab dem ersten Stock aus Holz. Alles original von 1930, als das Deutsche Haus errichtet wurde. Hier liefen schon Bürgermeister, Stadtpräsidenten, Minister und natürlich Schauspieler und Filmemacher hinauf. Man sieht den Stufen ihre bewegte Vergangenheit an. Sie sind ausgetreten und abgelatscht.

Seit 1996 gibt es das Filmkunsthaus, das nur äußerst selten Hollywood-Produktionen wie »La La Land« spielt, sondern in erster Linie auf kleine, aber feine Filme setzt, die es nicht in die großen Kinos schaffen und außerhalb des Mainstreams laufen. Deshalb sehen die Betreiber das große Multiplexkino in der Stadt auch nicht als Konkurrenz. Mehrfach wurde das 51-Stufen-Kino schon für »herausragende Jahresprogramme« vom Land Schleswig-Holstein und von den Beauftragten der Bundesregierung für Kultur und Medien ausgezeichnet.

Der Vorführraum befindet sich im kleinen Musiksaal des Deutschen Hauses. Hier fanden früher Proben und kleinere Konzerte statt. Einst mit 180 Plätzen ausgestattet, gibt es heute nur noch 126, die den Kinobesuchern viel Beinfreiheit lassen. Das Programm wechselt wöchentlich, um eine große Vielfalt präsentieren zu können. Immer mit dabei: ein Kinderfilm.

Entstanden ist das Lichtspieltheater Mitte der 1990er Jahre im Zuge der Privatisierung des Deutschen Hauses. Es wirft keine großen Gewinne ab und bekommt keine finanzielle Unterstützung der Stadt – aber es trägt sich. Und es zeigt viele Filme, darunter auch viele Low-Budget-Produktionen, die sonst nicht im Rampenlicht stehen.

Adresse Friedrich-Ebert-Straße 7, 24937 Flensburg-Altstadt, www.51stufen.de | **ÖPNV** Bus 1, 4, 5, 12, 13, 14, Haltestelle Deutsches Haus | **Tipp** Über die Friedrich-Ebert-Straße rüber und rein in die Rote Straße 15–17, dort gibt es in der Touristinformation Flensburger Punkte zum Vernaschen.

FLENSBURG

2 Der alte Lokschuppen
Von der Triebwagenhalle zum Architekturbüro

»Nein, sie war nicht mehr zu retten – die kleine Bahn zwischen Flensburg und Kappeln. Jahrzehntelang hatte sie den Raum Angeln an das Verkehrsnetz angeschlossen, hatte zuverlässig Menschen und Waren transportiert. Doch nun wurde sie von der neuen Zeit bedrängt. Das Auto machte der Bimmelbahn Konkurrenz, der sie sich nicht mehr erwehren konnte. Und so war 1953 Schluss – der Betrieb wurde eingestellt.« So steht es in einem Zeitungsbericht über das traurige Ende der Schmalspurbahn.

Die Kleinbahn wurde 1886 auf ganzer Länge in Betrieb genommen und fuhr mit einer – für die damalige Zeit – atemberaubenden Geschwindigkeit von 30 Stundenkilometern von der Flensburger Förde an die Schlei. Die Fahrzeit: drei Stunden inklusive Rangier- und Ladezeiten. Beim Bau und beim Betrieb der Strecke achteten die Planer auf Sparsamkeit und Synergieeffekte. So entschied sich der Kreis für die schmale Spur, die weniger Platz brauchte als die Normalspur, und Gasthöfe, die an der Strecke lagen, wurden gleichzeitig zu Bahnhöfen.

In Flensburg nutzte die Bahn damals fünf Gebäude für die Instandhaltung der Züge: eine Tischlerei, eine Malerwerkstatt, eine Reparaturwerkstatt, ein kleineres Magazingebäude und einen Lokschuppen, in dem die Triebwagen gewartet wurden. Von dem alten Betriebsgelände ist heute nur noch der Schuppen übrig. Der wurde nach dem Aus der Kleinbahn viele Jahre als Lagerhalle genutzt, bis der Architekt Horst Müller 2008 dort sein Büro einrichtete. Den Architekten reizte das Ursprüngliche des Gebäudes: der Lehmputz, die alten Balken und das hölzerne Tragwerk. All das hat er, so gut es geht, erhalten und die Einrichtung seines Büros in das Ambiente der alten Lagerhalle eingepasst. Den Lokschuppen kannte er schon aus Erzählungen seines Vaters, der kurz vor Ende der Kleinbahn auf Höhe des Schuppens manchmal auf die Züge aufsprang, um kostenlos nach Hause zu fahren.

Adresse Nordstraße 3, 24937 Flensburg-Fruerlund | **ÖPNV** Bus 5, Haltestelle Ballastbrücke, oder Bus 3, 7, Haltestelle Parsevalstraße | **Tipp** Am alten Lokschuppen hat Horst Müller extra einen Parkplatz für Besucher des angrenzenden Lautrupsbachtals eingerichtet.

3 — Der alte Schlachthof
BMX-Künstler statt Schlachtvieh

Kinder und Jugendliche springen mit ihren BMX-Rädern über die Rampen, sodass einem (Erwachsenen) angst und bange wird. 30 Stundenkilometer und mehr sind dabei keine Seltenheit. Die Biker gehören zu den Sportpiraten, die auf dem ehemaligen Schlachthof der Stadt einen der größten BMX- und Skateparks Europas aufgebaut haben. »Offene Jugendarbeit«, nennt es der Initiator Dirk Dillmann, der »coolste Freizeitspaß«, sagen die Kids. Dort, wo früher Schweine und Rinder zur Schlachtbank geführt wurden, stehen heute Beton- und Holzrampen, die die Jugendlichen selbst geplant und größtenteils auch gebaut haben.

Angefangen hat alles 2001, als der Sport- und Erlebnispädagoge Dirk Dillmann mit seinem Hund spazieren ging und dabei Jugendliche traf, die auf einer selbst gebauten BMX-Bahn gewagte Sprünge übten. Parallel dazu engagierte er sich in der Jugendsozialarbeit und organisierte Demos mit Kindern unter dem Motto: »Die Straße gehört dir.« Denn er wollte Kindern und Jugendlichen aller Schichten die Möglichkeit geben, sich in ihrer Freizeit kostenlos sportlich zu betätigen. Egal, ob beim Fußballspielen, mit Skateboards oder auf dem BMX-Rad. Auf dem alten Schlachthofgelände von 1899, das seit Jahren brach lag, fand er ein neues Zuhause für die sportbegeisterten Kids. Aus einem zunächst auf drei Monate befristeten Nutzungsvertrag für die Industriebrache der Stadt sind inzwischen 16 Jahre geworden. Einmal im Jahr treffen sich dort BMX-Fahrer aus der ganzen Welt zum Butcher Jam und zeigen drei Tage lang ihr Können. Vom Anfänger bis zum Profi ist hier jeder willkommen. Es gibt sogar einen Beginner-Contest für den Nachwuchs bis zwölf Jahre.

Wer genau hinschaut, entdeckt noch Teile der alten Viehverladerampen. Ansonsten erinnert auf dem Gelände des mehrfach ausgezeichneten Jugendprojektes nur noch wenig an den einst größten Schlachthof der Region.

Adresse Werftstraße 40, 24939 Flensburg-Neustadt, www.sportpiraten.com | **ÖPNV** Bus 1, 7, Haltestelle Bauer Landstraße | **Tipp** In der Steinstraße und im Trollseeweg stehen noch heute Luftschutztürme, Relikte aus dem Zweiten Weltkrieg.

4 — Der Architektentraum
Sicheres Wohnen in luftiger Höhe

Es gehört zu den ungewöhnlichsten Häusern in Deutschland: das Penthaus auf einem elf Meter hohen Bunker aus dem Zweiten Weltkrieg mit Blick auf die Flensburger Förde. Erfüllt hat sich diesen Architektentraum der Ungar Andràs Zsiray. Er sagte einmal: »Der Bunker ruft seit 1945, doch nur ich habe ihn gehört.« Oder vielleicht hatte auch nur er den Mut, das Durchhaltevermögen, das Geld und die Phantasie für dieses Haus hoch oben in den Lüften. Denn ein Bunker ist nicht nur schwer abzureißen, sondern auch schwer zu nutzen. Die Baukosten sind bei solch einem Projekt wesentlich höher, denn alles muss mit einem Kran hinaufgehievt werden. Und auch die bürokratischen Hürden hatten es in sich. Schließlich wird nicht jeden Tag ein Haus auf einem Bunker gebaut. Doch der Architekt Andràs Zsiray ließ nicht locker und bekam 2009 die Genehmigung für den Bau seines Traumhauses auf einem Betonklotz.

Der Truppenmannschaftsbunker von 1943 sollte im Zweiten Weltkrieg Marineangehörige vor Bombenangriffen schützen. Jetzt wird auf der 400 Quadratmeter großen Fläche ein Penthaus gebaut. Aufgrund der natürlichen Gegebenheiten entfallen die Erdarbeiten, das Fundament ist quasi schon vorhanden. Einen ehemaligen, etwa 15 Tonnen schweren Luftschacht, dessen Abriss allein 20.000 Euro verschlungen hätte, integriert der Architekt kurzerhand in das Schlafzimmer. Nach und nach entsteht eine etwa 200 Quadratmeter große Wohnung – sonnendurchflutet und modern. Ein extra angebauter Fahrstuhl bringt die Bewohner in ihr Luxus-Domizil. Der vielleicht schönste Platz ist die Dachterrasse hoch über den Häusern von Flensburg mit einem Blick bis auf die Förde. Im Zweiten Weltkrieg sprengten die Alliierten ein Loch in die drei Meter dicke Betondecke, der 16 Quadratmeter große Bombenkrater dient heute als Keller. Für Wein oder wertvolle Dokumente. Sicherer geht es nicht.

Adresse Mürwiker Straße 179, 24944 Flensburg-Mürwik | **ÖPNV** Bus 3, 7, 21, Haltestelle Seewarte | **Tipp** Wer seinen Punktestand beim Kraftfahrt-Bundesamt persönlich abfragen möchte, der braucht dafür nur seinen Ausweis. Das KBA befindet sich in der Verlängerung der Mürwiker Straße in der Fördestraße 16.

5 Das Atelierhaus
Asien trifft Europa

In der obersten Etage ist ein Meditationsraum eingerichtet. Ein Stockwerk tiefer befindet sich die Ausstellungsfläche von Hanako C. Hahne. Darunter sind Werkstatt und Atelier zu finden, und im Erdgeschoss wartet das Projekt: schlafen inmitten der Kunst. Das Atelierhaus gehört der Kalligrafie-Künstlerin Hanako C. Hahne. Hanako bedeutet auf Japanisch »Blumenkind«. Den Namen hat die Flensburgerin von einem japanischen Kunstprofessor »verliehen« bekommen, der sie in die Geheimnisse der fernöstlichen Schriftkunst eingeweiht hat. Das war Anfang der 1990er Jahre. Der Professor spürte ihre Leidenschaft für die Kalligrafie, merkte, dass sie eine besondere Begabung für die mehr als 4.000 Jahre alte Schriftkunst mit chinesischem Ursprung hat.

Hanako C. Hahne verbindet die traditionellen Schriftzeichen mit ihrer künstlerischen Ästhetik, wie sie sagt: »in freier, gefühlter Form«. Überhaupt, das Gefühl. Es spielt eine große Rolle im Leben der Künstlerin. Deswegen hat sie für das Foto auch das Kunstwerk mit dem Namen »Gefühl« ausgewählt. »Kan« heißt es im Japanischen. Hanako C. Hahne lebt intuitiv, vertraut darauf, dass alles im Fluss ist und das Gute zu ihr kommt. Doch das musste sie erst lernen.

Geboren in Berlin, aufgewachsen in Flensburg, macht sie erst eine Ausbildung zur Zahnarzthelferin, studiert später Druckgrafik und entdeckt die Zen-Meditation für sich. Der meditative Weg nach innen eröffnet ihr neue Welten. »Irgendwann sah ich Schriftzeichen vor mir und wusste in dem Moment: Das, was ich immer gesucht hatte, habe ich in diesen Schriftzeichen gefunden«, erzählt sie. Daraufhin ändert sie ihr Leben komplett und taucht in die Welt der Kalligrafie ein.

Ihr Atelierhaus steht jedem offen. Wer mag, kann sogar eine Nacht darin verbringen. Im Erdgeschoss hat sie eine kleine Ferienwohnung, sodass Gäste dort inmitten der Kunst schlafen können.

Adresse Sankt-Jürgen-Straße 51, 24937 Flensburg-Jürgensby, Tel. 0461/27127, www.hanako-c-hahne.de | **ÖPNV** Bus 5, Haltestelle Hafendamm | **Öffnungszeiten** nach Vereinbarung | **Tipp** Die Häuser Nummer 20, 23 und 25 in der Sankt-Jürgen-Straße zieren historische Türen, die besonders auffällig sind.

FLENSBURG

6 Bens Fischbude
Letztes Fischbrötchen vor der Grenze

Gregor Gysi war schon da, genauso wie der Comiczeichner Brösel und der Abenteurer Arved Fuchs. Sie alle stehen auf Fischbrötchen von Ben. Der heißt mit bürgerlichem Namen Ben Heinrich und hat mit seiner Fischbude längst Kultcharakter erreicht. Sein Geheimnis: der frische Fisch aus Maasholm und die eigens für ihn gebackenen Brötchen. Sein Klassiker ist auf Holz geräucherter Matjes mit einer roten, süßlichen Sauce, die ursprünglich aus Dänemark kommt: »Sild« mit einer leichten Note von Zimt und Nelken. Was weihnachtlich anmutet, schmeckt seiner Kundschaft auch im Sommer.

Die Idee zu einer Fischbude kam ihm während seiner Lehre als Hotelfachmann in Dagebüll. Damals ernährte Ben sich praktisch von Matjes, denn er wohnte genau gegenüber von Fritz, der Matjesbrötchen verkaufte – die besten, die Ben bis dahin gegessen hatte. Und er schwor sich: Sollte er je die Nase vom Hotelfach voll haben, würde er seine eigene Bude aufmachen. Als er nach Flensburg kam, vermisste er genau das: eine gute Fischbude.

2008 geht's los. Ben übernimmt die alte Wachhütte im Flensburger Museumshafen und verkauft seine ersten Fischbrötchen. Gleichzeitig arbeitet er als Hafenmeister, kontrolliert die Schiffe, die reinkommen, weist Gästen einen Platz zu und kassiert Liegeplatzgebühren. Seine Bude öffnet er mittags um 12 Uhr, steht selbst hinterm Tresen, bis das letzte Fischbrötchen verkauft ist. Die Auswahl und die Preise variieren je nach Saison und Tagespreis für den Fisch. An belebten Tagen ist er bereits um 19 Uhr ausverkauft, an anderen hat er bis 21 Uhr geöffnet.

Im Winter nimmt sich Ben Heinrich regelmäßig eine Auszeit, reist durch Kuba oder Vietnam, zu Fuß oder mit dem Fahrrad. Das braucht er, wie er sagt, um abzuschalten. Einfach mal andere Luft atmen. Und dann freut er sich ab März wieder auf seine Fischbrötchen: die letzten vor der Grenze.

Adresse Museumshafen: Schiffbrücke 43, 24939 Flensburg-Altstadt | **ÖPNV** Bus 1, 7, Haltestelle Schifffahrtsmuseum | **Öffnungszeiten** März–Okt. ab 12 Uhr und dann so lange, bis die Fischbrötchen alle sind | **Tipp** Mit dem Fischbrötchen in der Hand bis zur Hafenspitze bummeln und dort die klassischen Yachten bewundern (Liegezeiten etwa von April bis Oktober).

FLENSBURG

7 — Der Bleistift
216 Meter Stahl

Genau genommen gibt es den Bleistift nicht mehr. Genauso wie es den Eiffelturm nicht mehr gibt. Beide wurden abgelöst: zu klein, zu wenig Reichweite, zu dicht an der Bevölkerung. Die Rede ist von den Flensburger Sendemasten.

Der erste bestand aus zwei 60 Meter hohen Masten, dazwischen war ein Drahtseil gespannt, von dem ein Kabel nach unten hing. Das war die Antenne. Pünktlich zum Weihnachtsfest 1928 war die Holzkonstruktion fertig, und die Flensburger hörten die damalige Rundfunkanstalt Nordische Rundfunk AG auf der 219-Meter-Welle. Zu den ersten Übertragungen zählte die Berichterstattung über die Landung des Luftschiffs »Graf Zeppelin« (siehe Ort 95), gesteuert von dem Flensburger Hugo Eckener.

Der Sender strahlte 20 Kilometer weit. Doch um die Leistung besser auszunutzen, baute man 1935 den nächsten Mast, der 90 Meter hoch war. Aufgrund seiner Optik bekam er den Spitznamen »Eiffelturm«. Als einer der wenigen Sender überstand der Reichssender Flensburg den Zweiten Weltkrieg unbeschädigt und schrieb am 8. Mai 1945 Geschichte, als er die »bedingungslose Kapitulation« von Hitlers Nachfolger Großadmiral Dönitz verkündete.

Doch auch der Eiffelturm war bald nicht mehr hoch genug, und 1957 übernahm ein neuer, 216 Meter hoher Sendemast aus Stahl. Schlank und rank wuchs er gen Himmel, sodass die Flensburger ihn »Bleistift« nannten. Gebaut auf freiem Feld, wuchs die Stadt immer dichter an ihn ran, rundherum entstanden Häuser und damit auch die Probleme. Denn im Winter schlug sich Feuchtigkeit auf den Antennen nieder und wurde zu Eis. Stiegen die Temperaturen wieder, taute das Eis an, mächtige Brocken stürzten auf die Häuser und zerstörten die Dächer. Die Folge: Der Sender wurde 1988 abgerissen, und auf dem Fuchsberg entstand der neue, heute noch aktive Sendemast. Weil der aber sehr an den alten Bleistift erinnert, nennen ihn viele auch weiterhin Bleistift.

Adresse Trögelsbyhof, 24943 Flensburg-Engelsby | **ÖPNV** Bus 10, 11, Haltestelle Neuer Weg | **Tipp** Der Sender liegt am Weesrieser Gehölz, in dem man auf ausgewiesenen Wegen spazieren gehen kann.

8 Die Blumenvase
Oder doch eher Grogglas?

Zugegeben: Nicht jeder Flensburger kann mit dem Begriff »Blumenvase« etwas anfangen, manche sagen auch »Grogglas« oder nennen ihn schlicht den Wasserturm Mürwik.

Auffällig ist nicht nur seine Form, sondern auch die türkise Farbe. Der Turm hat in 26 Metern Höhe eine für Besucher geöffnete Aussichtsplattform und das, obwohl er noch in Betrieb ist. Zusammen mit dem Wasserturm in der Mühlenstraße sorgt er für einen konstanten Wasserdruck im Leitungssystem und hält Reserven für Spitzenverbräuche an heißen Sommertagen. Allein in dem großen Speicher im Mürwiker Turm sind 1,5 Millionen Liter Trinkwasser gespeichert.

Es dauerte lange, bis sich die Flensburger auf ein modernes, an einem zentralen Wasserwerk hängendes Rohrnetz einließen. Schließlich waren sie es angesichts des Wasserreichtums der Stadt gewohnt, direkt aus den vielen Quellen zu schöpfen. Hausbesitzer hatten direkt an Quellen gebaut oder sich zu Wasserwirtschaftsgemeinden zusammengeschlossen, die das Wasser über hölzerne Rohre auf die Grundstücke leiteten. Ärmere Bewohner versorgten sich über öffentliche Brunnen. 1874, als andere Städte längst eine moderne Wasserversorgung hatten, zählte man mehr als 180 Brunnen, die pro Minute bis zu 360 Liter förderten. Dabei versickerte das überflüssige Wasser ungenutzt im Boden. Das Problem war weniger die Wasserverschwendung als die Hygiene. Denn eine Typhusepidemie hatte ihre Spuren im verschmutzten Wasser hinterlassen. 1879 überzeugte der Zivilingenieur Carl Julius Tetens Hanssen dann die Flensburger, dass frisches Wasser aus der Leitung doch praktischer sei als Eimerschleppen, und begann ein modernes Rohrleitungssystem aufzubauen. 1902 wurde der erste Wasserturm in der Mühlenstraße errichtet, der aber schon bald nicht mehr ausreichte, um den schnell wachsenden Stadtteil Mürwik mit Wasser zu versorgen, sodass 1961 ein zweiter Turm eröffnet wurde: die Blumenvase.

Adresse Am Volkspark 15, 24943 Flensburg-Fruerlund | **ÖPNV** Bus 3, 7, Haltestelle Bohlberg | **Öffnungszeiten** Mai–Okt. Mi–So 11–13 und 15–18 Uhr | **Tipp** Im unteren Bereich des Turms befindet sich eine kleine Ausstellung zur Geschichte des Wasserturms und der Trinkwassergewinnung in Flensburg.

FLENSBURG

9 Die Bronzestatue »Gerettet«
»Gerettet« ist gerettet

Ein Fischer mit Südwester, in Wasserstiefeln und grober Hose, der in seinen Händen eine zierliche, dünn bekleidete Frau trägt, deren Körper kraftlos herabhängt. Der Husumer Künstler Adolf Brütt soll diese Szene 1880 genau so an einem Ostseestrand erlebt haben. Ein Foto aus der Entstehungszeit der Skulptur zeigt den Fischer Klaus Löpthien zusammen mit einer jungen Frau, während sie Modell stehen. Die figurbetonte Darstellung der Geretteten war im prüden Deutschland Kaiser Wilhelms schon eine kleine Provokation. Adolf Brütt zählt zu den Vertretern des norddeutschen Realismus, die nach der Prämisse arbeiteten: »Kunst soll nicht schön, Kunst soll wahr sein.«

Als Leihgabe der Berliner Stiftung Preußischer Kulturbesitz stand der Fischer 82 Jahre lang auf dem Museumsberg. Doch dann wollte die Stiftung ihre Skulptur zurück, um sie auf dem neu eröffneten Kolonnadenhof der Berliner Museumsinsel auszustellen. Seit 2010 ist sie in Berlin und steht mit anderen Bronzefiguren aus dem 19. und dem frühen 20. Jahrhundert zwischen Museum und Alter Nationalgalerie.

Doch so einfach ließen die Flensburger den Fischer nicht ziehen. Für viele war die Skulptur zu einem Stück Heimat geworden. Der Verschönerungsverein investierte 30.000 Euro und trug maßgeblich dazu bei, dass ein Originalabguss der Figur hergestellt wurde. Den Abguss sollte die renommierte Berliner Gießerei Noack machen, die die Quadriga auf dem Brandenburger Tor gefertigt hatte. Sie hatte auch schon den ersten Abdruck gegossen. Doch die alte Gussform war nicht auffindbar. Zur Erleichterung des Verschönerungsvereins erklärte sich die Stiftung Preußischer Kulturbesitz bereit, die Mehrkosten in Höhe von 14.000 Euro für eine neue Form zu übernehmen. Und jetzt steht der Originalabguss der Bronzestatue wieder auf dem Museumsberg. Gerettet: das Mädchen aus dem Wasser und die Skulptur von Adolf Brütt.

Adresse Museumsberg 1, 24937 Flensburg-Westliche Höhe | **ÖPNV** Bus 3, Haltestelle Katholische Kirche oder Stadttheater, Fußweg durch den Park, oder Bus 2, Haltestelle Museumsberg, Fußweg durch den Alten Friedhof | **Tipp** Am Fuße des Idstedt-Löwen befindet sich ein Massengrab mit Schleswig-Holsteinern, die während der Schlacht bei Idstedt 1850 gefallen sind.

10 Die Bundsen-Kapelle
Das Tor vom Leben zum Tod

»Selig sind die Todten, die in dem Herren sterben. Sie ruhen von ihrer Arbeit, und ihre Werke folgen ihnen nach.« Die Inschrift unter der Kuppel der Bundsen-Kapelle gilt auch und gerade für deren Erbauer Axel Bundsen. Denn er zählt zu den bedeutendsten Architekten des dänischen Klassizismus und hat an vielen Orten in Flensburg seine Spuren hinterlassen. So plante er den 1813 eröffneten Alten Friedhof und die dazugehörige Kapelle.

Das Gotteshaus gestaltete er als symbolisches Durchgangstor vom Leben in das Reich des Todes. Bewusst platzierte er es am nördlichen Ende des Friedhofs, an dem die Zufahrt mit dem schmiedeeisernen Tor stand. Der Sarg wurde mit einem Leichenwagen aus der Stadt über den »Leichenweg«, die heutige Friedrichstraße, zum Friedhof gefahren, an der Nordseite des Gebäudes abgeladen und in der Kapelle aufgebahrt. Während der Trauerfeier stand der Sarg in der Mitte der Kapelle auf einem schwarzen Fliesenkreuz, darüber eine beeindruckende Stuckdecke mit Graburnen und Darstellungen von Tod, Auferstehung, Gericht und Ewigkeit, die die Wiedergeburt symbolisieren.

Um von den Verstorbenen Abschied nehmen zu können, wurde der runde Innenraum als intimer Versammlungsraum konzipiert, in dem die Bänke für die Trauergäste und die Kanzel im Kreis angeordnet sind. Während der Trauerfeier wurden zwei halbrunde Schiebegitter – zum Eingang an der Nordseite und zum Ausgang an der Südseite – geschlossen. Der Kreis des Lebens schloss sich. Nach der Feier wurde das südliche Schiebegitter wieder geöffnet und der Sarg durch das Südtor in das Reich der Toten – auf den Friedhof – geleitet.

1953 wurde der Alte Friedhof für neue Gräber geschlossen, die Kapelle verlor ihre Funktion und fing an, baufällig zu werden. Anfang der 2000er Jahre wurde sie aufwendig saniert, um sie als Kulturdenkmal zu erhalten. Trauerfeiern finden in ihr nicht mehr statt.

Adresse Alter Friedhof: Stuhrsallee 37, 24937 Flensburg-Westliche Höhe | **ÖPNV** Bus 2, Haltestelle Wrangelstraße, oder Bus 3, Haltestelle Katholische Kirche | **Tipp** Besuchen Sie die Schatzkammer mit Gold, Silber und Fayencen im Heinrich-Sauermann-Haus und achten Sie dabei nicht nur auf die Exponate, sondern auch auf die Lichtstimmung.

FLENSBURG

11 Das Bürstenparadies
Kennen Sie die Milchschäumerschlauchbürste?

Dachshaare sind sehr fein und haben gerundete Spitzen, sodass sie empfindliche Haut nicht reizen oder verletzen. Sie sind das perfekte Material für Rasierpinsel. Rosshaare sind kräftig und hart und dadurch besonders für Besen und Handfeger geeignet. Der Vorteil gegenüber Kunstfasern liegt darin, dass sich Rosshaare wieder aufrichten. Und die weichsten Haare stammen von der chinesischen Langhaarziege. Diese fast weißen und sehr feinen Fasern ergeben hervorragende Staubpinsel und Babyhaarbürsten.

Wer so etwas weiß? Ingeborg Becker. Die Flensburgerin führt den kleinen Laden in der Norderstraße in der sechsten Generation und hat sich auf Naturbürsten spezialisiert. Angefangen hat alles vor 137 Jahren mit Lampenglas, das ihre Ururgroßmutter nebenbei verkaufte, während sie die Aufträge für ihren Mann, einen Installationsmeister, annahm. Es waren immer die Frauen, die diesen Laden führten, und jede brachte etwas Neues ins Sortiment: Ingeborg Beckers Großmutter verkaufte noch Gasherde, ihre Mutter spezialisierte sich auf Porzellan, und sie selbst hat eben ein Faible für Naturbürsten. Und die gibt es hier zu vernünftigen Preisen. Der Renner ist ihre Gemüsebürste für 3,95 Euro. Täglich gehen davon gleich mehrere über den Ladentisch.

Besonders kurios ist die »Milchschäumerschlauchbürste«. Sie ist etwa 40 Zentimeter lang, sehr dünn, und man kann damit tatsächlich den Milchschlauch an der Kaffeemaschine reinigen. Und das für gerade mal 4,95 Euro. Die Pflegetipps gibt's gratis: Die Borsten mit lauwarmem Wasser und mildem Shampoo waschen und danach mit einem Metallkamm vorsichtig kämmen. Dann die Bürste an der frischen Luft trocknen lassen und dabei auf keinen Fall auf die Borsten stellen. So halten die Bürsten ein Leben lang. Ingeborg Becker gibt solche Tipps gern, denn sie weiß, treue Kunden kommen wieder und kaufen weitere Bürsten aus ihrem unerschöpflichen Sortiment.

Adresse Norderstraße 18, 24939 Flensburg-Altstadt, Tel. 0461/22004 | **ÖPNV** Bus 4, Haltestelle Toosbüystraße | **Öffnungszeiten** Mo–Fr 10–17 Uhr, Sa 10–15 Uhr | **Tipp** In dem ehemaligen Rumhaus in der Schiffbrücke 16 werden heute in »Hansens Brauerei« Bock, Alt, Märzen sowie Festbiere gebraut und verköstigt.

12 — Das Café der 1.000 Kannen
Besuch vom japanischen Fernsehen

Eigentlich sind 1.000 Kannen maßlos untertrieben, denn allein im Café hängen schon 3.000. Dazu kommen noch mal mindestens 2.000 Kaffee- und Teekannen, die Besitzerin Kerstin Meurer in einer Scheune lagert. Doch irgendwie hat sich die Bezeichnung durchgesetzt, fast mehr noch als der offizielle Name: Marien-Café. Ursprünglich lag das Café nämlich direkt gegenüber der Sankt-Marien-Kirche am Nordermarkt. Doch das wurde vor ein paar Jahren zu klein, sodass Kerstin Meurer ihre Kannen einpackte und in die historische Villa an der Ballastbrücke zog. Und heute hängt hier ein Himmel voller Kannen.

Die erste hat sie von ihrer Schwiegermutter geschenkt bekommen. Die hatte sie als Dekoration in ihrer Küche, sodass Kerstin Meurer sie ebenfalls als Verzierung auf ein Bord in ihrem Café stellte. Gäste sahen das und stellten immer neue dazu. Bis heute bekommt sie regelmäßig Kannen geschenkt: kleine, große, verzierte und welche aus der DDR. Die mag sie besonders gern. Weil es das typische Blumendekor heute nicht mehr gibt. Ostalgie eben. Torten backt sie natürlich auch. Am besten gehen Klassiker wie die Trümmertorte, die Schwarzwälder Kirschtorte oder die Marzipan-Nuss-Torte.

Sogar das japanische Fernsehen war schon da. Das Team interessierte sich allerdings weniger für die Kannen oder den Kuchen, als für das reichhaltige Frühstück. Die beiden Moderatorinnen lobten vor laufender Kamera ein Brötchen mit Käse und Marmelade und ein Lachsbrot mit Meerrettich. Die dänische Küche lässt grüßen.

Gebaut wurde die historische Villa 1902 von einem Kohlenhändler. In der Scheune, in der er damals seine Kohlen lagerte, bewahrt Kerstin Meurer heute die Kannen auf, die im Café beim besten Willen keinen Platz mehr finden. Denn weiterverkaufen oder verschenken kommt für sie nicht in Frage. Dann lieber irgendwann den Namen des Cafés ändern – vielleicht in »Café der 5.000 Kannen«.

Adresse Ballastbrücke 22, 24937 Flensburg-Fruerlund, www.marien-cafe-flensburg.de |
ÖPNV Bus 5, 21, Haltestelle Ballastbrücke | **Öffnungszeiten** Mo–So 8–18 Uhr | **Tipp**
Mehr Naschkram gibt's in der Dragee-Fabrik im Harnishof 1, in dem freitags von
14 bis 18 Uhr ein Werksverkauf stattfindet.

13 Die Dagmar Aaen
Ein Haikutter im Polareis

Bei der letzten Expedition hat die Dagmar Aaen 21.000 Seemeilen zurückgelegt, ist in einem Jahr von Flensburg über das legendäre Kap Hoorn bis in die Antarktis und wieder zurück gesegelt. 21.000 Seemeilen, das sind umgerechnet mehr als 40.000 Kilometer, so viel wie eine Erdumrundung. Jetzt verschnauft sie in ihrem Heimathafen Flensburg. Bis es wieder losgeht. Man braucht also ein bisschen Glück, um den 85 Jahre alten Traditionssegler am Bohlwerk anzutreffen.

Für den Abenteurer Arved Fuchs ist das der perfekte Liegeplatz für die Dagmar Aaen. Die Flensburger Förde und die dänische Südsee sind tolle Segelreviere direkt vor der Haustür, und seine Werft liegt gleich hinter der dänischen Grenze. Außerdem mag er das Flair im Museumshafen, die verschiedenen Schiffstypen, die hier liegen. Für ihn ist das das Zentrum maritimer Kultur.

Arved Fuchs hat den alten Haikutter 1988 gekauft und mit Freunden zu einem Expeditionsschiff umgebaut. Zusammen mit seiner Crew hat er verheerende Stürme, Fahrten durch Packeisfelder und monatelange Überwinterungen in zugefrorenen Fjorden überstanden. Der Abenteurer erforscht das Polareis, macht Aufzeichnungen über den Klimawandel und weist auf die zunehmende Überfischung und Verschmutzung der Weltmeere hin. Der gebürtige Schleswig-Holsteiner geht immer wieder an seine Grenzen. Weltbekannt wurde er, als er mit Reinhold Messner 1989/90 die Antarktis auf Skiern durchquerte. Er ist damit der erste Mensch, der sowohl den Nordpol als auch den Südpol innerhalb eines Jahres zu Fuß erreicht hat.

In Flensburg hat der gelernte Seemann eine Zeit lang Schiffsbetriebstechnik studiert. Doch die Lehre war ihm zu trocken, es zog ihn schnell wieder aufs Wasser. Seine Philosophie: Die Langsamkeit des Reisens auf einem alten Kutter wie der Dagmar Aaen macht das besondere Erlebnis aus. Und: Eine gute Expedition beginnt in Flensburg und endet dort.

Adresse Museumshafen: Schiffbrücke 43, 24939 Flensburg-Altstadt, www.arved-fuchs.de | **ÖPNV** Bus 1, 7, Haltestelle Schifffahrtsmuseum | **Öffnungszeiten** ständiger Liegeplatz, ausgenommen Expeditions- und Werftzeiten | **Tipp** Wer selbst eine Schiffstour machen möchte, kann dies unter anderem auf der MS Viking, die von April bis Oktober zwischen Flensburg und Glücksburg pendelt. Die Mini-Kreuzfahrt dauert knapp eine Stunde, der Anleger liegt gleich neben der »Alexandra« (www.viking-schifffahrt.de).

FLENSBURG

14 Das Deutsche Haus
Reichsdank für deutsche Treue

Die Inschrift »Reichsdank für deutsche Treue« verwundert. Zumindest auf den ersten Blick. Doch wer die ganze Geschichte dahinter kennt, wird es vermutlich verstehen, bringt ihr vielleicht sogar Hochachtung entgegen.

Der Bau des Deutschen Hauses geht auf die Neuordnung der Grenze 1920 zurück, als das Herzogtum Schleswig durch eine Volksabstimmung in einen Nordteil, der dann (wieder) dänisch wurde, und einen Südteil, der deutsch blieb, geteilt wurde. Durch den neuen Grenzverlauf gab es im nördlichen Teil eine deutsche und im südlichen Teil eine dänische Minderheit, die sich beide gesellschaftlich und politisch neu organisierten. Während die dänische Minderheit das Flensborghus (siehe Ort 23) gründete, wurden unter der deutschen Mehrheit Stimmen laut, sich auch für die deutsche Kultur starkzumachen. Mit Unterstützung der Reichsregierung in Berlin, die das Projekt mit einer Million Reichsmark förderte, sollten die sogenannten »reichstreuen Flensburger« mit einem Reichsdankeshaus, dem Deutschen Haus, belohnt werden. So entstand damals die Inschrift über dem Portal.

Anders als in anderen Städten gab es keinen Wettbewerb, sondern der Flensburger Magistratsbaurat Paul Ziegler und der Stadtarchitekt Theodor Rieve entwarfen das Versammlungs- und Veranstaltungsgebäude in »Eigenplanung«, die allerdings mehrfach modifiziert wurde. So legten die Flensburger Wert auf eine Heimatschutzarchitektur, und das Deutsche Reich, als Hauptgeldgeber, bevorzugte einen modernen expressionistischen Bauhausstil. Die Folge: Die Architektur des Gebäudes ist eine Mischung der verschiedenen Stilarten.

Herzstück des Hauses, das 1930 eingeweiht wurde, ist der große Saal, der bis heute die ursprüngliche Holzverkleidung besitzt und dadurch eine hervorragende Akustik hat. Als expressionistische Stadthalle, die noch so gut erhalten ist, ist das Deutsche Haus bundesweit einzigartig.

REICHSDANK FÜR DEUTSCHE TREUE

Adresse Friedrich-Ebert-Straße 7, 24937 Flensburg-Altstadt, www.deutscheshaus-fl.de | **ÖPNV** Bus 1, 4, 5, 12, 13, 14, Haltestelle Deutsches Haus | **Tipp** Nur ein paar Meter neben dem Deutschen Haus befindet sich das NDR-Studio, ein alter Bau aus den 1950er Jahren.

FLENSBURG

15 Das Haus Devonhurst
Rätselhafte Geschichte eines Namens

»Devonhurst«, steht in großen Lettern an der Fassade. Der Name klingt geheimnisvoll, nach weiter Welt und längst vergangener Zeit. Es gibt kein offizielles Verzeichnis, in dem die Geschichte des Namens geschrieben steht. Nur so viel ist bekannt: Das Haus »Devonhurst« hat ein Marineoffizier aus Liebe zu seinem gleichnamigen Schiff so genannt. Was aus dem Schiff geworden ist? Und aus seinem Besitzer? Niemand weiß es. Das Segelschiff hinter der Fensterscheibe steht vermutlich nur zufällig dort.

Etwas mehr als 20 Häuser in Flensburg tragen einen Namenszug an ihrer Fassade. Viele Namen sind im 19. und 20. Jahrhundert angebracht worden. Als Hinweis auf die Lage des Anwesens oder als Ehre für ein Familienmitglied. Mit Einsetzen der Industrialisierung wurden überwiegend Häuser von bürgerlichen Familien mit einem Namen versehen. So lässt sich heute noch nachvollziehen, in welchen Gegenden damals gut situierte Familien gewohnt haben. Ab dem späten 19. Jahrhundert beispielsweise begann die Villenbebauung auf der Westlichen Höhe. Und auch in Engelsby-Dorf stehen noch heute namentlich gekennzeichnete Häuser: Die »Villa Minna« ist nach der Ehefrau des Besitzers benannt, »Catharinenhöh« ist vermutlich ein Hinweis auf die Lage des Gebäudes, und »Daheim« erklärt sich von selbst.

Im Gegensatz zu einer Hausnummer, die Pflicht ist, damit ein Gebäude eindeutig identifiziert werden kann, sind Häusernamen freiwillig. Sie müssen nicht sein, aber sie sind auch nicht verboten. Auch heute nicht. Dass sie heutzutage trotzdem nur noch selten zu finden sind, lässt sich wahrscheinlich damit erklären, dass es früher zur bürgerlichen Kultur gehörte, das Haus mit einem Namen zu adeln, und dass so etwas mit der Zeit einfach aus der Mode gekommen ist. Heute befindet sich in dem rosa Haus eine Hebammenpraxis, hier werden werdende Mütter und neugeborene Babys betreut – die Ehrung des Schiffes aber ist noch immer an ihrem Platz.

DEVONHURST

Adresse Wrangelstraße 6, 24937 Flensburg-Westliche Höhe | **ÖPNV** Bus 2, Haltestelle Nerongsallee, oder Bus 3, 4, Haltestelle Burgplatz | **Tipp** Von dem Haus führt die Roonstraße direkt in den Stadtpark, der 1903 als öffentliche Grünanlage angelegt wurde.

16 Die Dicker-Willis-Koppel
Ernten, was gesät wird

Es war einmal ein Bauer, der hieß Willi, und seine Kühe grasten auf einer Weide an einem Hang gegenüber von seinem Hof. Diese Weide war nicht nur bei den Kühen beliebt, sondern auch bei den Kindern aus der Umgebung, die dort im Winter jauchzend den Hang hinunterrodelten. Manchmal waren sie zu ungestüm, passten nicht auf, und der Zaun ging kaputt. Das fand Bauer Willi gar nicht witzig, musste er den Zaun doch regelmäßig wieder reparieren. Kein Wunder, dass er auf die Kinder nicht gut zu sprechen war und sie lautstark von seiner Weide verscheuchte. Die Kinder dagegen setzten alles daran, nicht erwischt zu werden, warnten, wenn sie den Bauern mit seinem stattlichen Leibesumfang ankommen sahen, und schrien »Achtung: Der dicke Willi kommt!«. Und da die Weide dem beleibten Bauern gehörte, bekam sie den Namen »Dicker-Willis-Koppel«, den die Fläche auch heute noch trägt.

Auf der Koppel spielen immer noch Kinder genauso wie in den 1950er Jahren: einfach mit dem, was die Natur zu bieten hat. Und weil das für viele im Zeitalter von Computer und Co. gar nicht mehr so einfach ist, gibt es im Sommer Veranstaltungen zum Thema »naturnahes Spielen«. Da werden Kränze aus Löwenzahn geflochten, Maulwurfshügel erklärt und Stockbrot über dem Lagerfeuer gegrillt.

Und noch ein Projekt will zurück zur Natur: Der Verein »Radieschen und Co.« hat vor ein paar Jahren auf der Koppel vom dicken Willi kleine Beete angelegt, auf denen Obst und Gemüse wachsen. »Urban Gardening« heißt der Trend, bei dem jeder, der möchte, ein eigenes Beet bepflanzen und sich mit gesundem Essen versorgen kann. Lediglich die Kosten für die Samen muss der Hobbygärtner tragen. Es sind Privatpersonen, Schulklassen und Kindergärten, die die Beete auf der öffentlichen Fläche pflegen. Anders als zu Bauer Willis Zeiten sind hier heute Kinder – und auch Erwachsene – willkommen. Egal, ob mit oder ohne grünen Daumen.

Adresse Zugang über Meisenstraße oder »Zur Bergmühle«, 24939 Flensburg-Nordstadt | **ÖPNV** Bus 1, 7, Haltestelle Bauer Landstraße, oder Bus 2, Haltestelle Harisleer Straße | **Tipp** Wer die Bauer Landstraße entlangläuft, trifft rechter Hand auf die Sankt-Petri-Kirche, die mitten in der erst 200 Jahre jungen Neustadt liegt.

17 Die Duborg-Skolen

Eine Schule ohne Dach – oder doch nicht?

Die einen meckern: »Der Schule fehlt ja das Dach!« Andere schwärmen von »beeindruckender Architektur«, und eine dritte Gruppe seufzt: »Ach, schon wieder ein Kjær-und-Richter-Bau.« Die Duborg-Skolen polarisiert. Zumindest, was die Architektur betrifft.

Gebaut wurde sie nach der Volksabstimmung von 1920 – nachdem sich eine Mehrheit der Flensburger für den Verbleib in Deutschland entschieden hatte – als Realschule für die Kinder der dänischen Minderheit. Ein engagierter Elternkreis, aus dem später der heutige Träger der Schule, der dänische Schulverein für Südschleswig, hervorging, setzte sich mit Erfolg dafür ein, dass der Unterricht weitestgehend auf Dänisch gehalten wird. Ausnahmen sind das Fach Deutsch und die Fremdsprachen.

Das Hauptgebäude wurde 1922 von dem dänischen Architekten Andreas Dall geplant und ein Jahr später im Heimatschutzstil mit Anleihen aus anderen Stilarten fertiggestellt. So stehen im Hof der Wandelhalle toskanische Säulen, und der Uhrenturm auf dem Dach erinnert an einen klassizistischen Tempel. Der schlossartige Backsteinbau befindet sich genau dort, wo im Mittelalter der Vorhof und ein Torhaus der früheren Duburg standen und die Pferde und Knechte untergebracht waren.

1979 wurde die Schule nach Plänen der in Dänemark für ihre Schulbauten bekannten Architekten Kjær und Richter erweitert. Der Erweiterungsbau steht als eigenständiges Gebäude neben dem alten Haupthaus. Natürlich hat die Schule ein Dach, nur eben ein Anfang der 1920er Jahre in Flensburg selten gebautes Flachdach.

Der oberste Denkmalschützer in Flensburg, Eiko Wenzel, sagt über das ungewöhnliche Schulgebäude: »Es ist ein interessanter Bau, der viel Geschichtliches in sich trägt und in seiner Schroffheit auch etwas von der festungsartigen Bauweise der Duburg hat, die ganz in der Nähe gestanden hat und die die Architekten sicherlich als Inspirationsquelle genutzt haben.«

Adresse Ritterstraße 27, 24939 Flensburg-Neustadt | **ÖPNV** Bus 4, Haltestelle Rummelgang oder Finanzamt | **Tipp** Wer mit dem Rücken zur Schule steht, hat einen phantastischen Blick auf die Westliche Höhe, den Hafen, die Marineschule und Sankt Jürgen und bekommt einen einzigartigen Überblick über die stadtgeschichtliche Entwicklung Flensburgs.

FLENSBURG

18 Die ehemalige Kommandeursvilla

Die Lederjacke und die Kapitulation

Da hängt sie. Hinter Glas, aber gut sichtbar. Die graue Lederjacke, die Herbert Grönemeyer als Leutnant Werner 1981 in dem Filmklassiker »Das Boot« getragen hat. In diesem Film von Wolfgang Petersen über die Erlebnisse der Besatzung des U-Bootes U96 im Zweiten Weltkrieg. Daneben: Schiffsmodelle, Seekarten, Wappen. Etwa 10.000 Exponate aus der Geschichte der deutschen Marinen. Mehrzahl, denn die eine deutsche Marine gibt es nicht. Dazu gehören die Kaiserliche Marine, die Preußische Marine und die Volksmarine, die Flotte der ehemaligen DDR. Von 1848 bis heute. Ausgestellt in der ehemaligen Kommandeursvilla, dem heutigen Wehrgeschichtlichen Ausbildungszentrum der Marineschule Mürwik. Hier werden Offiziere und Offiziersanwärter geschult und auf ihre Einsätze vorbereitet. Doch auch Zivilisten können sich diese einzigartige Sammlung anschauen: Jeden Dienstagnachmittag ist sie für die Öffentlichkeit zugänglich. Einzige Voraussetzung: Der Personalausweis muss mit.

Als die Villa 1910 errichtet wurde, lebte hier die Kommandeursfamilie mit ihren Angestellten. Auf 850 Quadratmetern. Am Ende des Zweiten Weltkriegs war sie Domizil von Karl Dönitz, nach Hitlers Tod Staatsoberhaupt des Deutschen Reiches. Am 7. Mai 1945 gab Admiral Dönitz von Flensburg aus den Befehl zur Kapitulation. Er übermittelte der Bevölkerung und den Truppen die Nachricht mit den Worten: »Am 8. Mai um 23 Uhr schweigen die Waffen.« Als er verhaftet wurde, waren seine Koffer schon gepackt. Mitnehmen in die Gefangenschaft durfte er aber nur einen.

Nach dem Krieg stand das Gebäude viele Jahre lang leer, bis es Ende der 1980er Jahre restauriert wurde und das Wehrgeschichtliche Ausbildungszentrum einzog. Der ehemalige Speisesaal des Kommandanten ist nun ein Hörsaal für Offiziersanwärter und Offiziere.

Adresse Kelmstraße 14, 24944 Flensburg-Mürwik, www.marine.de | **ÖPNV** Bus 3, 7, Haltestelle Osterallee, oder Bus 21, Haltestelle Sportschule | **Öffnungszeiten** Di 14–19 Uhr | **Tipp** In der Marinesportschule (Fördestraße 73) hielt die letzte Reichsregierung unter Karl Dönitz bis zur Kapitulation 1945 ihre »Regierungssitzungen« ab.

FLENSBURG

19 __ Das Eiszeit-Haus
Flensburger Gestein

Wenn unzählige Muschelschalen zusammengespült und mit Sand vermischt werden und die Versteinerung einsetzt, dann entsteht ein vier Tonnen schwerer und etwa 20 Millionen Jahre alter Findling, wie er vor dem Eiszeit-Haus thront.

Das Haus ist ein altes Wirtschaftsgebäude von 1820, in dem früher Pferde standen. Oben auf dem Dachboden lagerten Heu und Stroh, im Keller befinden sich noch immer alte Brunnen, an denen früher die Tiere getränkt wurden. Heute überwintern dort Zwergfledermäuse, die im Sommer im Christiansenpark auf Nahrungsjagd gehen. Bis Anfang der 1990er Jahre war das Wirtschaftsgebäude in Privatbesitz. Dann kaufte es die Stadt, und seit 2006 befindet sich im Eiszeit-Haus das erdgeschichtliche Schaumuseum des Naturwissenschaftlichen Museums.

Es zeigt Steine, Fossilien und Mineralien, die die eiszeitlichen Gletscher in den letzten 250 Millionen Jahren nach Schleswig-Holstein gebracht haben und die in und um Flensburg gefunden wurden. Das Spannende an den Funden: Sie kommen aus ganz unterschiedlichen Regionen, aus Skandinavien oder dem Baltikum, und sie erzählen die Entstehungsgeschichte der Erde. Wie sah es vor 250 Millionen Jahren bei uns aus? Oder vor 100 Millionen Jahren? Wo wir heute auf Straßen fahren, war früher eine Zeit lang nur Wasser. Das Meer dominierte das Landschaftsbild. An anderen Stellen gab es zeitversetzt Vulkane oder Gebirge, die längst nicht mehr existieren, weil sie abgetragen wurden. So bleibt von einem Berg vielleicht nur ein Gereibsel übrig, das viele Millionen Jahre später in einem Flensburger Park gefunden wird und dann hier in der Sammlung landet.

Es gibt sogar 20 Millionen Jahre altes »Flensburger Gestein«, das Muschelschalen, Haizähne, Schneckenschalen und Reste von anderem Meeresgetier enthält. »Kieler Gestein« oder »Lübecker Gestein« gibt es nicht. Aber die Flensburger bilden sich darauf nichts ein, natürlich nicht.

Adresse Mühlenstraße 7, 24937 Flensburg-Westliche Höhe, www.flensburg.de/eiszeithaus | **ÖPNV** Bus 2, Haltestelle Wrangelstraße | **Öffnungszeiten** Mi, So 10.30–16 Uhr (Mai–Sept. bis 17 Uhr), Eintritt kostenlos | **Tipp** Auf der anderen Seite des Parkeingangs befindet sich die ehemalige Villa des Kaufmanns und Gartengründers Peter Clausen Stuhr, in der heute ein Hospiz untergebracht ist.

FLENSBURG

20 — Die Erfinderwerkstatt
Ein Blick hinter die Kulissen

Hier wird getüftelt, gebastelt und manchmal auch geschwitzt. Jede Erfindung ist ein Unikat und wird einem breiten Publikum in der Phänomenta präsentiert.

Das neueste Experiment ist eine Plasmakugel, in der Blitze erzeugt werden. Besucher können die Kugel später in der Ausstellung mit der Hand anfassen und Blitzableiter spielen. Ganz ungefährlich natürlich. Doch erst muss das Podest dafür noch fertig gebaut werden. Und die Kugel geputzt werden. Schließlich soll alles schön glänzen, wenn es in die Ausstellung kommt.

Gerhard Blum und seine beiden Kollegen sind Erfinder. Sie denken sich die Exponate aus und bauen sie dann in Handarbeit in ihrer Werkstatt. An manchen Experimenten tüfteln sie Monate, wie an dem »Tornado«, der das Phänomen eines Wirbelsturms nachempfindet. Der »Tornado« ist ein etwa zwei Meter hoher Zylinder, der oben und unten jeweils einen Lüfter hat. Unten befindet sich zudem ein Wasserbecken mit einem Ultraschallverdampfer, der Nebel erzeugt. Die beiden Lüfter sorgen dafür, dass in dem Zylinder ein Wirbel entsteht, der vom oberen Lüfter angesaugt wird. Wie in der Natur treffen bei dem Experiment unterschiedlich warme Luftmassen aufeinander und lassen den typischen Tornado-Wirbel entstehen – nur das Gewitter fehlt.

Wie viele Experimente Gerhard Blum schon erfunden hat, weiß er nicht. Irgendwann hat er aufgehört zu zählen. Seine Exponate sind begehrt, sie stehen nicht nur in der Phänomenta, sondern auch in Italien, Spanien, den USA und Korea. Manche als Leihgabe, andere für immer. Als Erfinder braucht er Kreativität, Neugier und handwerkliches Geschick. Und obwohl er täglich mit Chemie und Physik zu tun hat, sind genau das die Fächer, die er früher in der Schule am meisten gehasst hat. Heute sagt er, dass Erfinder sein Traumberuf sei, weil er hier in der Werkstatt rumprobieren und experimentieren könne. Und dafür wird er sogar noch bezahlt.

Adresse Norderstraße 157, 24939 Flensburg-Altstadt, Tel. 0461/144490, www.phaenomenta-flensburg.de | **ÖPNV** Bus 1, 7, Haltestelle Nordertor | **Öffnungszeiten** Di–Fr 10–18 Uhr, Sa, So, Feiertage 12–18 Uhr, Juni–Sept. zusätzlich Mo 10–18 Uhr | **Tipp** In der Zwergenphänomenta stehen 20 Experimente extra für die Kleinsten zwischen drei und sechs Jahren bereit.

FLENSBURG

21 Der Fischereiverein
Tradition seit 1872

Die Küstenfischerei hat in Flensburg eine lange Tradition. Die Fischersiedlung Sankt Johannis existierte schon vor 900 Jahren, die Männer nutzten die guten Fangbedingungen an der Flensburger Förde. Vor etwa 250 Jahren siedelten Fischerfamilien entlang der Sankt-Jürgen-Straße im sogenannten »Gängeviertel«, in dem heute noch alte Kapitänshäuser stehen. Da sich die neue Siedlung außerhalb der Stadtmauern befand, mussten die Bewohner nicht die hohen Steuern der Stadt zahlen, sehr zum Ärgernis ihrer Zunftgenossen am anderen Fördeufer. Und in eben jenem Gängeviertel wurde 1872 der Fischereiverein gegründet, einer der ältesten Vereine der Stadt.

In der Blütezeit um 1900 ernährte der Fischfang 150 Familien. Heute gibt es noch einen hauptberuflichen Fischer und etwa 50 Nebenerwerbsfischer. »Man kann mit der Kleinfischerei kein Geld mehr verdienen«, sagt einer von ihnen. »Heute können wir froh sein, wenn sich das Fischen selbst trägt, wir nach Abzug von Treibstoff, Reparaturen und Liegeplatzgebühren nicht noch draufzahlen müssen.« Der jüngste Fischer ist 35 Jahre alt, der älteste 85. Unter ihnen sind Polizisten, Werftarbeiter und Maurer. Und sie bilden aus. Zum Fischwirt. Darauf sind sie stolz. Denn sie wollen das Kulturgut »Fischerei« erhalten. Dafür haben sie aus einer alten Fischerhütte ein kleines Museum gemacht. Es erzählt von der historischen Fischerei an der Flensburger Förde und zeigt alte Fischereigeräte wie Aalstecher, Ankerleuchten und Netznadeln. Sogar ein altes Wadenboot steht in einer Vitrine. In einem Aquarium tummeln sich Fische, Krebse, Seesterne, Algen und Muscheln und veranschaulichen die Unterwasserwelt der Ostsee.

Einige der teils altertümlichen Apparaturen sind heute noch in Gebrauch, und Spaziergänger können die Mitglieder des Fischereivereins dabei beobachten, wie sie ihren Fisch verarbeiten, die Netze flicken und ihre Boote in Schuss halten – fast so wie 1872.

Adresse Hafendamm, 24937 Flensburg-Jürgensby | **ÖPNV** Bus 5, Haltestelle Hafendamm | **Tipp** Wer jetzt Appetit auf Fisch hat und nicht selbst kochen möchte: Im »Fischmarkt« am Ballastkai 6 serviert Familie Jessen Scholle, Dorsch und Co.

FLENSBURG

22 — Die Fischerhütte
Frischer Fisch vom Kutter

Fast täglich fährt Horst-Dieter Hansen raus auf die Förde, um zu fischen. Scholle, Aal, Dorsch oder Butt. Der 71-Jährige half schon mit sechs Jahren auf dem Schiff seines Großvaters, die Netze einzuholen, und hat sich dabei sein Taschengeld verdient. Eigentlich wollte er auch Fischer werden, doch sein Vater hat ihm den Beruf verboten, weil er ihn zu gefährlich und unrentabel fand. Stattdessen machte Horst-Dieter Hansen eine Ausbildung zum Speditionskaufmann. Doch das Wasser ließ ihn nicht los, und so begann er vor 40 Jahren, die Aalreusen auszusetzen. Im Nebenerwerb, als Hobbyfischer.

Sein Boot liegt heute in Fahrensodde, einer Außenstelle des Fischereivereins (siehe Ort 21). Anfang der 1950er Jahre wurden hier die Fischer angesiedelt, die aus Ostpreußen nach Flensburg geflüchtet waren. Sie wohnten in den kleinen Fischerhütten. Neun stehen heute noch. Weil die Flüchtlinge wenig Geld hatten, haben sie die Häuser aus Palettenholz gebaut und sie so angemalt, wie es am billigsten war: grün, braun und gelb. Eine einheitliche Farbgestaltung gab es nicht. Als Horst-Dieter Hansen seine Hütte vor 20 Jahren kaufte, hat er sie rot gestrichen. Mit der alten Aalgabel und den Holzfischen an den Wänden ist sie heute die schönste Hütte.

Horst-Dieter Hansen mag den Platz hier draußen in Fahrensodde. Er ist ruhiger als der Fischerstrand in Richtung Innenförde. Außerdem ist er von hier schneller in den Fanggebieten. Abends legt er die Stellnetze aus, und morgens holt er sie wieder ein. Wenn er zurückkommt, verkauft er den Fisch frisch vom Kutter. Wann das ist und wie viel er im Angebot hat, kann er nicht sagen. Das hängt davon ab, wie viel ihm ins Netz geht. Nach getaner Arbeit sitzt er dann vor seiner Hütte. Flickt die Reusen und genießt die Ruhe. Das erinnert ihn ein bisschen an früher, als er mit seinem Großvater zum Fischen fuhr.

Adresse Ewoldtweg 2, 24944 Flensburg-Mürwik | **ÖPNV** Bus 3, 7, 10, 11, Haltestelle Twedter Plack, oder Bus 21, Haltestelle Twedter Plack/Fördestraße | **Tipp** Vor der Fischerhütte steht eine Bank, die Horst-Dieter Hansen selbst gebaut hat. Auf der dürfen Besucher gern Platz nehmen und den Fischern bei der Arbeit zuschauen.

23 Das Flensborghus
Waisenheim und Zuchthaus zugleich

Die Duburg, die 300 Jahre lang oberhalb der Stadt auf dem Marienberg thronte, hat überall in Flensburg ihre Spuren hinterlassen. Als Namensgeber für Straßen, Schulen und sogar einen Stadtteil. Und auch das Flensborghus profitiert vom Erbe der Burg – und zwar in Form von Mauersteinen.

Auf Initiative der Kaufmannstochter Maria Christina Lorck wurde 1725 das erste städtische Waisenhaus errichtet – nach Plänen des Architekten Johann Christian Händel und mit Steinen der Duburg. Bereits 1719 begann der dänische König Friedrich IV. die Festung aus Kostengründen abzureißen und stiftete großzügig Klosterformatsteine für den Bau des Kinderheims. Noch heute hängt über dem Portal ein Spiegelmonogramm des Dänenkönigs und erinnert an diese Spende.

Vorbild für das Waisenhaus waren die Franckeschen Stiftungen in Halle an der Saale, die schon damals Vorreiter in der sozialen und pädagogischen Zweckarchitektur waren. Das Heim wurde großzügig gebaut, höchstens 50 Kinder wohnten dort gleichzeitig und hatten viel Platz. Teile des Gebäudes blieben bis 1813 den Kindern vorbehalten, während andere Räume parallel als Zuchthaus genutzt wurden. »Zuchthaus« bedeutete um 1800 in den seltensten Fällen lebenslängliche Verwahrung, sondern es war in erster Linie ein Arbeitshaus, in dem faule Flensburger Zucht und Ordnung in Form von geregelten Arbeitsabläufen lernten. Sie mussten zum Beispiel aus Wolle Pferdedecken weben.

In späteren Jahren diente das Haus als Kaserne und als Hotel, bis es 1921 der dänische Verein Grænseforeningen kaufte. Bei der Volksabstimmung 1920 hatte Flensburg mit großer Mehrheit für einen Verbleib im Deutschen Reich gestimmt, und die dänische Minderheit suchte einen Ort, an dem sie ihre Interessen bündeln und vertreten konnte: das Flensborghus. Heute ist es unter anderem Sitz der Südschleswigschen Wählervereinigung (SSW), der Partei der dänischen Minderheit.

Flensborghus

Dronning Margrethe I. byggede omkring 1411 Duborg Slot

af slottets sten rejstes 1724/25 dette hus

oprindelig bygget som vajsenhus

har det senere været tugth.. Arbejdshus, kaserne og restauration

siden 1920 tjener Hse ½ i s det danske arbejde i Flensborg

Adresse Norderstraße 76, 24939 Flensburg-Altstadt, www.syfo.de | **ÖPNV** Bus 1, 7, Haltestelle Schifffahrtsmuseum | **Tipp** In der »Dansk Centralbibliotek« in der Norderstraße 59 gibt es nicht nur eine große Auswahl an dänischer Literatur, sondern auch viele Fotos aus dem alten Flensburg.

24 — Der Geigenbauer
Ein Himmel voller Geigen

Im Schatten des mächtigen Turms der Sankt-Nikolai-Kirche liegt die Werkstatt des einzigen Geigenbaumeisters in Flensburg. In dem ehemaligen Küsterhaus baut und repariert Antonio Menzel Saiteninstrumente.

Holz war schon immer sein Element, und für eine gute Ausbildung zum Geigenbauer war ihm kein Weg zu weit: 1984 fuhr der damals 21-jährige Antonio Menzel mit dem Fahrrad von Hannover zur »Welsh School of Violinmaking« nach Großbritannien. Später verfeinerte er sein Handwerk in Hamburg, lernte die Kniffe und Tricks, die es braucht, um ein Saiteninstrument zu reparieren und zu restaurieren. Etwa 100 Instrumente hat er schon gebaut, von Geigen über Violinen, Celli und Bratschen bis hin zu einer Laute. Jedes Jahr kommt ein neues hinzu. Die Formgebung, die Materialauswahl, die Feinheiten in der Größe des Klangkörpers: Die Entstehung eines Instrumentes ist ein »schöpferischer Prozess«, der ihn reize, aber auch immer wieder vor Herausforderungen stelle, erzählt Antonio Menzel. Etwa sechs bis sieben Wochen braucht er für eine neue Geige. Doch dann kann es sein, dass er noch mal zwei Wochen investiert, um den Klang zu optimieren. Ausgewogen müssen die Töne sein, eine tiefe Saite darf nicht zu dumpf und eine hohe Saite nicht zu schrill klingen. »Ein Profi braucht mehr Glanz, mehr Klarheit im Ton«, sagt Antonio Menzel. »Ein Amateur-Musiker wie ich liebt es, wenn ein Instrument wärmer und geschmeidiger klingt.«

Der 54-Jährige ist den Umgang mit alten Materialien gewohnt. So umsichtig er alte Geigen repariert, so vorsichtig und bedacht ist er auch 2002 beim Umbau des alten Küsterhauses vorgegangen. Die rückwärtige Giebelwand des Hauses aus dem frühen 18. Jahrhundert zum Beispiel ist Teil der Stadtmauer und wurde genau so erhalten. Antonio Menzel ist überzeugt: Sowohl Streichinstrumente als auch Häuser, die gut und qualitätsvoll gebaut sind, überdauern Generationen.

Adresse Nikolaikirchhof 6, 24937 Flensburg-Altstadt, www.geigenbau-menzel.de | **ÖPNV** Bus 2, 10, 11, Haltestelle Südermarkt, oder Bus 1, 3, 5, 7, 12, 13, 14, Haltestelle Südermarkt/ Dr.-Todsen-Straße | **Tipp** Gleich nebenan befindet sich das »Café K«, in dem sich in einem alten Gewölbekeller urig speisen lässt.

FLENSBURG

25 — Die Gewölbemalerei
Listiger Fuchs und Wolf im Schafspelz

Ob die Sankt-Johannis-Kirche wirklich die älteste der Stadt ist, wie häufig behauptet wird, ist nicht eindeutig belegt. Sicher ist: Sie ist eine der ältesten Kirchen und sogar älter als die Stadt Flensburg selbst. Sie wurde im 12. Jahrhundert als schlichte einschiffige Feldsteinkirche für die Fischer der Siedlung gebaut, erst später kamen ein Kastenchor und ein Südervorhaus dazu.

Außerhalb der Stadtgrenze gelegen, war die Gemeinde aus Bauern und Fischern nicht sonderlich wohlhabend, trotzdem wollte man den reichen Nachbarn um Sankt Marien und Sankt Nikolai in nichts nachstehen und begann um 1500, die ursprüngliche Balkendecke durch ein spätgotisches Gewölbe zu ersetzen. Möglicherweise ist das Dach der Kirche beim großen Stadtbrand von 1485 zerstört worden und musste sowieso neu gestaltet werden.

Besonders auffällig und kunsthistorisch interessant ist die Ausmalung der Bogenfelder, die Peter Lykt in Form eines Paradiesgartens gestaltete. Akanthusranken mit großen Granatapfelblüten winden sich um stilisierte Heilkräuter, Apostel und das Jüngste Gericht, Gnadenstuhl mit Engel und Evangelisten. In der Gewölbemalerei hat Peter Lykt kurz vor der Reformation Kritik am Ablasshandel und der katholischen Kirche versteckt, indem er satirische Tierallegorien zeichnete. Ganz in Fell gekleidet, steht Johannes der Täufer neben dem Chorbogen, ein Wolf im Schafspelz, ein Dudelsack spielender Affe und ein listiger Fuchs leisten ihm Gesellschaft. Es geht außerdem das Gerücht, dass sich der Kirchenmaler schlecht bezahlt fühlte und die tierischen Spielereien als »kleine Rache« in das Gewölbe integrierte.

Die Fresken wurden 1734 übermalt, erst 1910 wiederentdeckt und freigelegt. Dabei wurde der alte Farb- und Figurenzustand fixiert und die Restaurierung dem ursprünglichen Farbton angepasst. Heute ist die Gewölbedecke ein großer Anziehungspunkt in der kleinen Sankt-Johannis-Kirche.

Adresse Sankt-Johannis-Kirche, Johanniskirchhof 22, 24937 Flensburg-Jürgensby | **ÖPNV** Bus 3, 7, 10, 11, Haltestelle Hafermarkt/Angelburger Straße | **Tipp** Das Grab des sagenhaften Ritters Fleno ist eine künstlerische Inszenierung des Flensburgers Christoph Wiegand, der dem vermeintlichen Gründer der Stadt Flensburg in der Süderfischerstraße ein Grab geschaffen hat.

FLENSBURG

26 Das Grabmal
Aus dem Boden bis zum Himmel

Bis vor 300 Jahren wurden Verstorbene üblicherweise auf den Friedhöfen der Kirchen beigesetzt. In Flensburg waren das die Kirchhöfe der Sankt-Nikolai-Kirche, der Sankt-Marien-Kirche und der damals noch etwas außerhalb gelegene Friedhof der Sankt-Johannis-Kirche zu Adelby (siehe Ort 34). Mit der wachsenden Bevölkerung, die sich im 18. Jahrhundert in Flensburg mehr als verdoppelte, wuchs auch der Bedarf an Begräbnisstätten. Und zwar nicht auf den hoffnungslos überfüllten Kirchhöfen, sondern in der freien Natur außerhalb der Stadt.

Am 25. Juni 1813 wird in Flensburg der erste kommunale Friedhof in Schleswig-Holstein eingeweiht. Der Alte Friedhof, wie er heute heißt, liegt zwischen den englischen Landschaftsgärten der Kaufleute Stuhr (siehe Ort 49) und Christiansen. Die aufgeklärten Menschen verstehen den Tod als natürlichen Teil des Lebens und damit auch als Teil der Natur. Die Auffassung der Natur als eine Schöpfung Gottes lässt sie gleichberechtigt neben den Sakralraum der Kirche treten und macht so Begräbnisse auf einem Friedhof in direkter Nähe zu Landschaftsgärten möglich.

Eines der schönsten Grabmale auf dem Alten Friedhof ist das gusseiserne Monument der Familie Christiansen nach Entwürfen des Architekten Karl Friedrich Schinkel. Hergestellt wurde es 1829, höchstwahrscheinlich in der Königlichen Eisengießerei zu Berlin. Andreas Christiansen junior bestellte es dort für seine Eltern nach einer Abbildung im Katalog, die ein für den Prinzen von Hessen-Homburg erdachtes Denkmal darstellte. Bemerkenswert, dass ein bürgerlicher Kaufmann ein für einen Prinzen entwickeltes Monument als Grabmal »nachbestellen« konnte.

Das Emporwachsen der gotischen Formen »aus dem Boden bis zum Himmel« gilt als Zeichen für Unendlichkeit. Die Größe des Grabmals und seine exponierte Lage weisen auf die besondere Position der Familie Christiansen als Förderer des Alten Friedhofs hin.

Adresse Alter Friedhof, Stuhrsallee 37, 24937 Flensburg-Westliche Höhe, Grabmal am nördlichen Ende des Friedhofs in der Nähe der Bundsen-Kapelle | **ÖPNV** Bus 2, Haltestelle Wrangelstraße | **Tipp** Den Ausgang an der Reepschlägerbahn nehmen und dann den Böckmannsgang bis zum Nordergraben hinunterlaufen. Gleich links um die Ecke steht das Logenhaus, das 1903 von Freimaurern errichtet wurde.

FLENSBURG

27 — Die Groschenseite
Mit Blick aufs Wasser

Sie war die begehrte Seite, die teure, mit Zugang zum Hafen: die Groschenseite. Hier standen die reichen Kaufmannshöfe aus der Blütezeit des 15. und 16. Jahrhunderts. Sie waren auf lang gestreckten, schmalen Grundstücken gebaut, die oft mehr als 100 Meter maßen. In den Vorderhäusern befanden sich die Kontor- und Wohnräume, daran schlossen sich Saalbauten mit repräsentativen Wohnräumen an. Weiter hinten folgten Seitenflügel mit Kranerkern, die der Lagerung von Waren und gewerblichen Aktivitäten dienten. Mit dem Aufblühen des Westindienhandels Mitte des 18. Jahrhunderts bekamen viele Kaufmannshäuser sogenannte Querspeicher, in denen sie noch mehr Handelsgüter lagern konnten. Der direkte Zugang zum Hafen ermöglichte einen schnellen Umschlag von Waren, sodass die Kaufmannshöfe vor allem bei Fernhandelskaufleuten begehrt waren.

Die Bezeichnung »Groschenseite« bezieht sich auf das Rückgrat der historischen Altstadt mit dem Straßenzug Holm – Große Straße – Norderstraße und dort auf die östliche, dem Hafen zugewandte Seite. Auf der westlichen Seite befand sich damals die Pfennigseite. Dort waren die Höfe wesentlich kleiner und beengter aufgrund des zur Westlichen Höhe ansteigenden Hangs. Hier lebten vor allem Handwerker, Fuhrleute und kleine Gewerbetreibende. Sie waren wegen einer vom König erlassenen Verordnung von 1718 Bürger zweiter Rangklasse, während die Seehandel treibenden Kaufleute zu Bürgern erster Klasse zählten.

Vielleicht erklären die unterschiedlichen Hofformen die Namen von Groschen- und Pfennigseite. Vielleicht kommt die Bezeichnung aber auch daher, dass die Geschäfte auf der Groschenseite besser liefen, weil sie von mehr Kunden besucht wurde. Zumindest soll das der Grund gewesen sein, warum der Spirituosenhändler Christian Carsten Petersen 1894 von der Norderstraße 107 auf der Pfennigseite in die Norderstraße 78 auf der Groschenseite zog.

Adresse Holm 19/21, 24937 Flensburg-Altstadt | **ÖPNV** Bus 3, Haltestelle Stadttheater | **Tipp** Der Kaufmannshof Holm 19/21 ist einer der größten noch erhaltenen Höfe aus dem 16. Jahrhundert und ein typisches Beispiel für die Anlagen auf der Groschenseite.

28__Der Grüne Campus
Oslo, Helsinki, Riga

»Er ist wie ein Garten, durch den man geht«, sagt eine Frau, die auf dem Campusgelände der Europa-Universität arbeitet. »Hinter jeder Ecke, hinter jedem Gebäude eröffnet sich ein neuer Blick, gibt Trauerweiden, Teiche und Wiesen frei.« Auf dem Grünen Campus tummeln sich ganz unterschiedliche Menschen: Studierende, Professoren, Spaziergänger und Läufer. Manche hasten von einem Seminar zum nächsten, die meisten nehmen sich Zeit, genießen das Grün zwischen den Universitätsgebäuden. Bänke laden zum Verweilen ein. Sogar einen Campus-Garten gibt es. Studierende haben in kleinen Gruppen Blumen, Erdbeeren und Mangold gepflanzt. Sie experimentieren fächerübergreifend und wenden Studieninhalte in der Praxis an. Ein Projekt beschäftigte sich zum Beispiel damit, Pflanzen vor dem rauen Nordwind zu schützen. Die Idee hinter dem Garten, die auch als Leitbild für die Europa-Universität zu verstehen ist: gemeinsam etwas wagen und interdisziplinär arbeiten.

Die nördlichste Universität Deutschlands ist vergleichsweise jung. 1946 von den Briten als Pädagogische Hochschule gegründet, wurde sie im Jahr 2000 zur Universität und heißt seit 2014 Europa-Universität. Mit etwas mehr als 5.000 Studierenden und 14 Studiengängen ist sie eine kleine Hochschule. Ihre Schwerpunkte liegen im Bereich Lehrerausbildung, Internationales Management, Umweltmanagement und nachhaltige Entwicklung sowie Interdisziplinäre Europawissenschaften. Die Nähe zu Skandinavien und dem Ostseeraum spiegelt sich auch in den Namen der Gebäude wider: Sie heißen unter anderem Oslo, Helsinki und Riga.

2009 wurde die »Campelle« eingeweiht, eine kleine Kapelle, die sowohl ein Ort der Stille als auch das Zuhause der Evangelischen Studierenden- und der Katholischen Hochschulgemeinde ist. Vor der Campelle stehen 90 Birken in Form eines Kreuzgangs, die das eher schlichte Gebäude mit sattem Grün einrahmen.

Adresse Auf dem Campus 1, 24943 Flensburg-Sandberg, www.uni-flensburg.de | **ÖPNV** Bus 4, 5, Haltestelle Campus Uni | **Tipp** Am Eingang des Campus steht die Flens-Arena, die Heimat der Handballer der SG Flensburg. Der Lars-Christiansen-Platz vor der Halle ist einem ihrer langjährigen Spieler gewidmet.

FLENSBURG

29 — H 513
Kompagniestraße 4

Die Nummer 10 in der Downing Street in London zählt zu den weltweit bekanntesten Hausnummern. Denn hier wohnt der britische Premierminister. Die 911 gehört zur Porschestraße in Weissach und ehrt – genau: den Porsche 911. In Toronto gibt es eine Straße, die Yonge Street, die 60 Kilometer lang und fortlaufend durchnummeriert ist. Sie endet mit der Nummer 22.002 an einem Lagerhaus. Und in Flensburg gibt es Häuser mit zwei Hausnummern, einer alten und einer neuen.

Bis 1766 gab es in der Fördestadt überhaupt keine Hausnummern. Die Häuser hatten Zeichen in Form bemalter Schilder oder wurden nach dem Beruf der Bewohner benannt wie das Müllerhaus oder das Schifferhaus. Die ältesten Hausnummern überhaupt stammen aus der Frühen Neuzeit. Bereits im 15. Jahrhundert waren die 65 Häuser auf dem Pariser Pont Notre-Dame nummeriert – ja, auf dieser berühmten Brücke standen tatsächlich Häuser, die der »Dekoration und der Vermehrung der Einkünfte der Stadt« dienen sollten –, und seit 1519 hatten auch die Gebäude der Augsburger Fuggerei Nummern. Flächendeckend gezählt wurde dann ab dem 18. Jahrhundert. In Flensburg orientierte man sich dafür am Brandregister von 1766. Unabhängig von Straßennamen wurden Zahlen von 1 bis 827 vergeben. Die Nummer 1 erhielt das alte Rathaus, von dort ging es weiter gen Norden in Richtung Sankt Marien, danach nach Süden in den Bezirk Sankt Nikolai und weiter in Richtung Osten nach Sankt Johannis. Es wurde keine Zahl doppelt vergeben, sodass keine Angabe zur Straße notwendig war. Kamen neue Häuser hinzu, wurden weitere Nummern vergeben, sodass sich die alten Ziffern häufiger änderten. Irgendwann kamen Buchstaben dazu. Aber erst 1881 wurden die Hausnummern einzelnen Straßen zugeordnet. So steht an dem ehemaligen Wohnhaus des Kirchenvogtes von Sankt Marien in der Kompagniestraße noch heute die alte Hausnummer H 513 und die aktuelle Nummer 4.

Adresse Kompagniestraße 4, 24937 Flensburg-Altstadt | **ÖPNV** Bus 4, Haltestelle Toosbüystraße | **Tipp** Durch das Nordertor zum Hafen und dann zweimal rechts abbiegen in die Schiffbrückstraße. In der Nummer 8 befindet sich heute die Redaktion der »Flensborg Avis«, das Gebäude diente auch als Polizeirevier in der Serie »Da kommt Kalle«.

30_Die hängenden Schuhe
Drahtseilakt

Die Norderstraße kennen sogar Amerikaner in New York. Denn dort hat sie ein Reisemagazin zu einer der 18 verrücktesten Straßen weltweit gewählt. Gleich neben der Snake Alley in Taipeh und dem Angel Place in Sydney. Grund für die kuriose Auszeichnung sind ein paar hundert ausgelatschte Schuhe, die in mehr als vier Metern Höhe über Drahtseilen hängen. Viele Legenden ranken sich um die rätselhaften Treter, sogar einen Schreibwettbewerb zum »Geheimnis der hängenden Schuhe« hat es gegeben. Gerüchteweise sollen die Schuhe das Revier von Drogendealern markieren, Protest gegen politische Entscheidungen sein oder ein letzter Abschiedsgruß an die geliebte Stadt.

Das Phänomen gibt es auch in anderen Städten. Die Treter baumeln an Ampeln, Stromkabeln, Brücken und Bäumen. Doch keiner weiß so genau, warum. In Schottland soll ein aufgehängtes Paar Schuhe symbolisieren, dass ein Mann vor Kurzem seine Unschuld verloren hat. Und von Amerikas bekanntestem Schuhbaum, einer Pappel am Highway 50 in Nevada, ist überliefert, dass sich ein Liebespaar auf dem Weg zu seiner Hochzeit stritt und der Bräutigam im Zorn die Schuhe seiner Verlobten auf einen Ast warf. Weil das Paar es nicht schaffte, sie wieder herunterzuholen, redete es miteinander – und vertrug sich wieder. Die geplante Hochzeit konnte dann doch stattfinden.

In Flensburg flogen die ersten Schuhe 2007 in die Luft und blieben an Seilen hängen, deren Befestigung noch aus Zeiten der elektrischen Straßenbahn stammt. Geworfen hat sie ein Schuhverkäufer. Viele seiner Kunden, die neue Sneakers kauften, ließen die alten, ausgelatschten Treter einfach zurück. Als Gag warf der Ladenbesitzer eines dieser Paare über die Leine, rechnete aber fest damit, dass es für die nächste Weihnachtsdekoration wieder abgenommen werden würde. Doch nichts geschah. Seitdem ist der Drahtseilakt fester Bestandteil einer der verrücktesten Straßen der Welt.

Adresse Norderstraße, zwischen Toosbüystraße und Schloßstraße, 24939 Flensburg-Altstadt | **ÖPNV** Bus 4, Haltestelle Toosbüystraße | **Tipp** Der »schwarze Mann« am Haus Norderstraße 66 ist inzwischen auch mit einem weiteren Paar Schuhe ausgestattet: mit roten Pumps.

FLENSBURG

31 Herr Groß
Von einem Stamm

Der Mann im Anzug wartet. Vielleicht auf einen Termin beim Arzt oder auf einen Angehörigen, der sich untersuchen lässt. Dabei schaut er auf das Panorama von Flensburg. Acryl und Pastell auf Sackleinen – gestaltet von dem Flensburger Künstler Christoph Wiegand, aufgehängt im Gesundheitszentrum. Wie ein stolzer Kapitän auf der Brücke steht er da. Groß und mit Überblick. Zumindest sieht das der Bildhauer Johannes Caspersen so, der den 1,82-Meter-Mann geschaffen und dort hingestellt hat. Das Gebäude mit dem Panoramablick erinnert den Künstler an ein Schiff. Und Herr Groß, so heißt der Mann, ist der Kapitän. Und dann gibt es noch Frau Blau, Frau Orange, Frau Roth, die Zwillingsmädchen und den Sohn. Frau Blau hat eine blaue Hose an, Frau Orange eine orangene und Frau Roth – na, Sie wissen schon. Sieben Figuren, verteilt auf die verschiedenen Etagen, und alle aus einem Stamm oder anders ausgedrückt: von einem Stammbaum. Geschnitzt aus einer riesigen Platane mit einem beeindruckenden Durchmesser von mehr als 1,20 Meter. Gefunden hat Johannes Caspersen sie auf einer brachliegenden Fläche, auf der später das Neubaugebiet Flensburg-Gartenstadt entstand.

»Besucher« nennt er seine Figuren, die das Ärztehaus in Fruerlund raumgreifend bevölkern. Die Gesichter sind nur angedeutet, der Betrachter soll das Fehlende ergänzen. Aus der Ferne dagegen wirken die Figuren sehr realistisch, weil die Proportionen passen und dadurch die Silhouette stimmt. Der Bildhauer arbeitet mit Holz, weil es für ihn Wärme ausstrahlt und etwas Lebendiges hat. Egal, wie er es bearbeitet. Passend zu seinen Objekten. 24 sind es in und um Flensburg. Vom Eisbären über einen Gravensteiner Apfel bis hin zu einer nackten Frau.

Herr Groß steht seit 2011 im Gesundheitszentrum und wartet. Vielleicht auf einen Termin beim Arzt oder auf Angehörige – oder aber auf Leser dieses Buches, die ihn dort besuchen.

Adresse Gesundheitszentrum, Mürwiker Straße 89, 24943 Flensburg-Fruerlund | **ÖPNV** Bus 3, 5, 7, Haltestelle Stadion | **Tipp** Skulpturen und Ikonogramme an den Wänden rund um die Gebäude des Selbsthilfe-Bauvereins erinnern in der Mürwiker Straße 22 an die Flüchtlingsströme seit 1945.

32 — Der Historische Fasskeller
Zehn Mark Branntweinsteuer

Es sind Originalfässer, die hier heute noch liegen. In dem Fass mit der Nummer 571 lagerte der Matz-Rum und in dem mit der Nummer 565 der von Johannsen. Bis Ende der 1960er Jahre prüften Zollbeamte den Inhalt der Fässer im Keller des Zollpackhauses, bevor sie zur Weiterverwendung in die jeweiligen Rumfirmen transportiert wurden. Prüfen heißt: Der Zollbeamte klopfte mit einem Schlegel links und rechts gegen den Holzkorken, bis dieser die Öffnung im Fass freigab. Dann entnahm er eine Rumprobe und maß den Alkoholgehalt, um so die Höhe der Branntweinsteuer festzulegen. Damals lag sie bei etwa zehn Mark für einen Liter Alkohol. Heute liegt sie bei etwa 13 Euro je Liter.

Einer der letzten Destillateure Flensburgs ist Horst Petersen. Er hat viele Jahre für die Firma Dethleffsen gearbeitet, die den Bommerlunder brannte. Der 74-Jährige erinnert sich noch gut, wie zwei- bis dreimal im Jahr das Hochwasser den ganzen Keller überflutete. »Dann mussten wir schnell in den Zollkeller fahren und die Fässer bergen, damit der gute Rum nicht davonschwamm.«

Im Keller lagerte der Rum, in den oberen Geschossen die anderen unverzollten Waren wie Kaffee, Tee und Gewürze. Das Büro der Zollbeamten befand sich auf dem Hof und wurde als solches noch bis 1978 genutzt. Mit Gründung des Schifffahrtsmuseums 1984 wurden die Büroräume zu großen Ausstellungsräumen zusammengefasst. Heute befindet sich dort eine Abteilung zur Geschichte der Westindienfahrt mit eindrucksvollen Exponaten zur Sklavenarbeit auf den Zuckerrohrplantagen.

Im Historischen Fasskeller wurde 1993 das erste Rummuseum Deutschlands eröffnet, das 2014 modernisiert wurde. Eine Videoinstallation zeigt das Wirken der Kaufmannsfamilie Dethleffsen, die über Generationen die Schifffahrts- und Handelsgeschichte der Stadt geprägt hat. Als Sitzplätze dienen alte Blöcke, auf denen früher die Rumfässer lagerten.

Adresse Schifffahrtsmuseum Flensburg, Schiffbrücke 39, 24939 Flensburg-Altstadt, Tel. 0461/852970, www.flensburg.de/schifffahrtsmuseum | **ÖPNV** Bus 1, 7, Haltestelle Schifffahrtsmuseum | **Öffnungszeiten** Di–So 10–17 Uhr | **Tipp** Über dem Historischen Fasslager befindet sich das Café »muse maritim«, in dem es nicht nur Heißgetränke, sondern auch alte Rumflaschen und Seekarten zu kaufen gibt.

33 Der Idstedt-Löwe
Was für eine Odyssee!

Er sollte einen Löwen bauen, einen sehr großen, doch er hatte noch nie einen echten Löwen gesehen. Also musste Hermann Wilhelm Bissen 1859 reisen. Entweder in den Tierpark nach Berlin, was sich für einen dänischen Bildhauer, der ein Denkmal für den Sieg über die schleswig-holsteinischen Truppen bei Idstedt schaffen sollte, aus politischen Gründen verbot, oder nach London oder Paris. Er entschied sich für Paris, denn dort befand sich seinerzeit der bedeutendste Zoologische Garten. Er fertigte Skizzen und ein Tonmodell an und machte sich an die Arbeit.

Dann die nächste Herausforderung: Die Größe des Bronzelöwen war nicht vorgegeben, sondern wurde davon abhängig gemacht, wie viel Geld gesammelt wurde. Und es kam viel Geld zusammen. Bissen hatte in seinen Entwürfen maximal mit einer Höhe von vier Metern gerechnet, inklusive Granitsockel. Am Ende maß das Denkmal acht Meter. Für solch ein Mammutobjekt war seine Werkstatt jedoch zu klein. Das Gipsmodell zerbrach vor dem Abguss, und der Künstler musste von vorn beginnen. Mit einem Jahr Verspätung wurde der Idstedt-Löwe am 25. Juli 1862 auf dem Alten Friedhof in Flensburg eingeweiht.

Schon damals schien einer das Unheil zu ahnen: der Dichter Hans Christian Andersen. Denn er schrieb anlässlich der Einweihung: »Was wird nur geschehen, wenn einst ein Feind uns hier besiegen wird?« Nur ein Jahr und sieben Monate später war es so weit. Ein neuer Krieg brach aus, die preußischen Truppen vereinnahmten Flensburg, und der Löwe wurde als Siegestrophäe nach Berlin gebracht. Dort blieb er bis zum Ende des Zweiten Weltkriegs und wurde 1945 von den Alliierten in einem offenen Laster zurück nach Kopenhagen gefahren. 2011 reiste der Löwe schließlich nach Flensburg und wurde als Zeichen von »Freundschaft und Vertrauen zwischen Dänen und Deutschen« wieder an seinem ursprünglichen Standort aufgebaut. Was für eine Odyssee!

Adresse Alter Friedhof, Stuhrsallee 37, 24937 Flensburg-Westliche Höhe | **ÖPNV** Bus 2, Haltestelle Museumsberg | **Tipp** Im Hans-Christiansen-Haus steht ein weiteres Werk des Bildhauers Bissen: eine Marmorstatue der römischen Fruchtbarkeitsgöttin Ceres, die eine ganz andere Seite des Künstlers zeigt, eine, die frei ist von jeder nationalen Identität.

FLENSBURG

34 Die Jakobsmuschel
Symbol der Pilger

Die Sankt-Johannis-Kirche zu Adelby, nicht zu verwechseln mit der Johannis-Kirche im Johannisviertel (siehe Ort 25), zieht von jeher Spaziergänger, Reisende und Pilger an. Die sie umgebende, etwa acht Hektar große Fläche ist der einzige kirchliche Friedhof der Stadt, der noch als solcher erhalten ist. Das parkähnliche Gelände lädt zu Spaziergängen ein und zeugt mit den geraden Wegen und den engen Grabanlagen noch immer von dem dörflichen Charakter der Kirche.

Früher pilgerten die Menschen zu einer alten Kapelle, die nicht weit entfernt von der Dorfkirche in der Taruper Straße stand. Die alten Taruper nannten die Gebäude dort »beym Creutz«, weswegen die Gegend auch heute noch Taruper Kreuz heißt. Auf alten Karten wurde die Kapelle als »Sankt Jost« bezeichnet, benannt nach dem heiligen Jodokus, der in der katholischen Kirche als Schutzheiliger der Reisenden und Pilger gilt. Die kleine Kirche war ein Hospiz und eine geistliche Herberge für Pilger, die von den dänischen Inseln über Flensburg auf dem Ochsenweg (siehe Ort 53) nach Santiago de Compostela wanderten. Als Zeichen dafür, dass er am Grab des heiligen Jakobus angekommen war, bekam ein Pilger bis ins 13. Jahrhundert eine Jakobsmuschel, die er an der Kleidung, meist am Hut, befestigte. Auf dem Heimweg diente die obere Schale der Muschel dann auch schon mal als Schöpfkelle für Wasser oder als Messerersatz, um Brot oder einen Apfel zu schneiden, denn die obere Kante der Muschel war ziemlich scharf. Heute wird das Erreichen der Pilgerstätte mit einer Urkunde beglaubigt und die Muschel von vielen Wanderern bereits auf dem Hinweg als Erkennungszeichen getragen. Inzwischen führt der Jakobsweg nicht mehr direkt an der Kirche vorbei, trotzdem erinnern zwei Jakobsmuscheln aus der 1464 zerstörten Kapelle an der Rückseite der Kirche an die Zeit der großen Pilgerströme – und an die kleine Kapelle nicht weit von der Johannis-Kirche zu Adelby.

Adresse Sankt-Johannis-Kirche zu Adelby, Richard-Wagner-Straße 51, 24943 Flensburg-Tarup | **ÖPNV** Bus 5, Haltestelle Adelby KTS/Kirche | **Tipp** In der Taruper Straße zeugen noch heute reetgedeckte Häuser und einzigartige Feldsteinfundamente am Haus Nummer 46 davon, wie es früher rund um die Pilgerkapelle ausgesehen hat.

FLENSBURG

35 — Das Käte-Lassen-Fenster
Glaubensbekenntnisse auf Glas

Nur wenig ist in Flensburg durch Bombenangriffe im Zweiten Weltkrieg zerstört worden. Ironischerweise gab es kurz nach der Kapitulation der Deutschen am 14. Juni 1945 ein Explosionsunglück, das umso größeren Schaden anrichtete: Menschen starben, Schiffe wurden zerstört, und Fensterscheiben gingen zu Bruch. Darunter auch welche in der Sankt-Marien-Kirche.

Auf Befehl der britischen Armee wurden alle Sprengkörper nach der Kapitulation 1945 von den deutschen Schiffen im Flensburger Hafen geholt und zentral gesammelt. Dabei kam einer der Arbeiter vermutlich aus Versehen an den Zünder einer Granate und aktivierte sie. Panisch soll er sie nach Augenzeugenberichten mitten in einen Munitionshaufen geworfen haben, der dann explodierte. Etwa 80 Menschen starben, mehr als 200 wurden verletzt, und viele der Schiffe im Hafen sanken. Die Druckwelle war so stark, dass sie sogar Häuserdächer auf der anderen Seite der Förde abriss und unzählige Fensterscheiben im gesamten Stadtgebiet zerstörte. Häufig wurden die Fenster in der Nachkriegszeit nur notdürftig ersetzt, nicht so in der Sankt-Marien-Kirche.

Hier bekam die Flensburger Malerin Käte Lassen den Auftrag, die Fenster an der Nord- und der Südseite mit figuraler Glasmalerei zu gestalten. Sie wählte die großen Themen des christlichen Glaubensbekenntnisses wie Himmelfahrt, Weihnachten, Ostern und die Kreuzigung, die auch auf dem Foto zu sehen ist. Für die Menschen und die Engel haben Frauen und Männer aus Flensburg und Umgebung Modell gestanden. Die Fenster sind in drei Felder aufgeteilt: Die Felder in der Mitte verkünden das Heilsgeschehen, während die Seitenfelder die Wirkung auf die Menschen darstellen. Der Fensterzyklus entstand in den Jahren 1949 bis 1957. Und wer weiß – vielleicht sieht der eine oder andere Besucher ihn jetzt mit anderen Augen, denkt beim Betrachten auch an die Opfer des Explosionsunglücks von 1945.

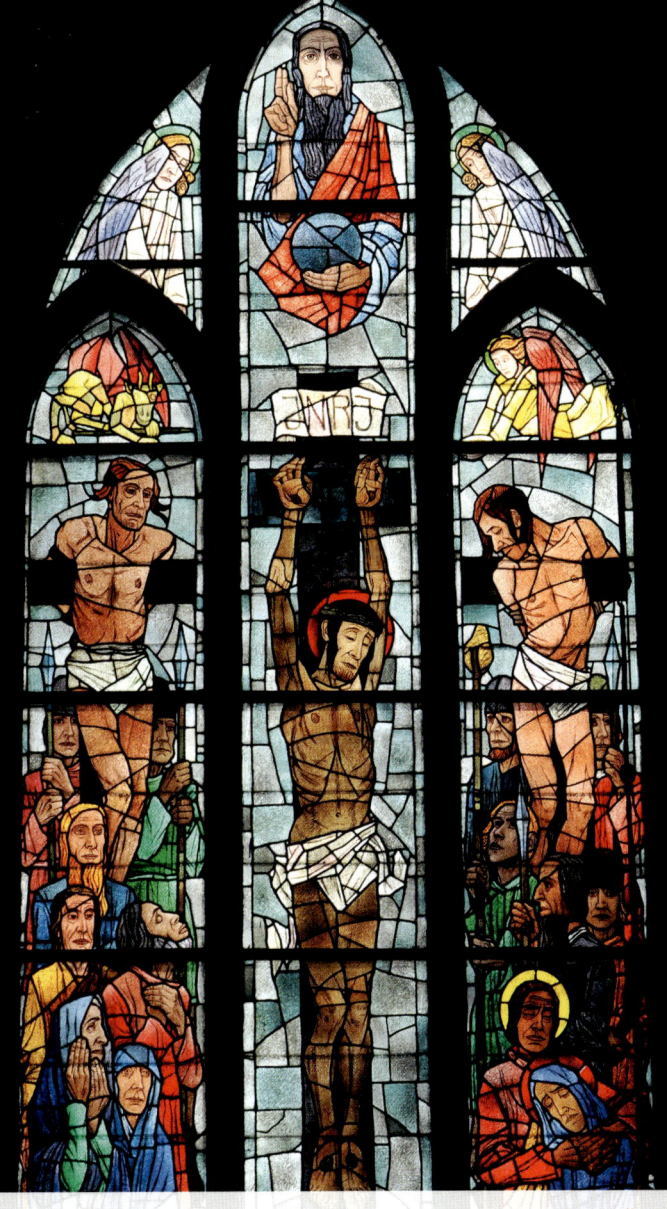

Adresse Sankt-Marien-Kirche, Marienkirchhof 7, 24937 Flensburg-Altstadt | **ÖPNV** Bus 4, Haltestelle Toosbüystraße | **Tipp** In der Marienstraße 15 und 19 stehen zwei Häuser, an denen sich von außen noch gut die inzwischen verschlossenen Einbringungsluken für Kohlensäcke und Co. erkennen lassen.

FLENSBURG

36 — Der Kapitänsweg
Wie lang ist eine Reeperbahn?

Flensburg ist eine alte Hafenstadt, die bis heute durch den Handel mit Rum und Zucker von den Westindischen Inseln geprägt ist. Überall in der Stadt finden sich noch Zeugnisse aus dieser Zeit. Der Kapitänsweg folgt der Tour eines Kapitäns nach dem Anlegen seines Segelschiffs im 19. Jahrhundert.

Nach dem Einlaufen im Hafen hatte der Schiffsführer viel zu tun. Er musste die Entladung vorbereiten und die Ware verzollen. Schäden am Rumpf oder an den Masten sollten behoben und Absprachen mit den Zimmerleuten getroffen werden. In den meisten Fällen brauchte er neue Matrosen und Steuerleute.

Der Kapitänsweg besteht aus 14 Stationen und beginnt am Schifffahrtsmuseum, das direkt am historischen Hafen liegt. Dort befand sich früher das Zollpackhaus, in dem der unverzollte Rum gelagert wurde (siehe Ort 32). Weiter geht es zum Kompagnietor (siehe Ort 39), in dem eine Schankwirtschaft betrieben wurde, in der die Seemänner nicht nur ihren Durst stillten, sondern auch den Hunger nach Neuigkeiten aus der Stadt. Außerdem befand sich hier die Heuerstelle.

Bodenmarkierungen und Informationstafeln weisen den Weg zu weiteren maritimen Sehenswürdigkeiten. Dabei erfährt der Besucher viele historische Fakten und Anekdoten aus der Hafengeschichte und dem Alltagsleben der Seemänner. Zum Beispiel musste eine Reepschlägerbahn (Station 12), die oft auch als Reeper- oder Reiferbahn bezeichnet wird, mindestens 300 Meter lang sein. Dort stellten die Reepschläger früher in mühevoller Handarbeit Taue her, indem sie zuerst einzelne Seile über die Länge der Bahn spannten und die dann zu dickeren Trossen verflochten. Und da ein Schiffstau gut und gern 200 Meter und mehr messen konnte, musste die Reepschlägerbahn entsprechend länger sein.

Der Kapitänsweg startet am Schifffahrtsmuseum, aber natürlich können Spaziergänger ihn an jeder beliebigen Stelle beginnen – ist ja schließlich ein Rundweg.

Adresse Start am Schifffahrtsmuseum, Schiffbrücke 39, 24939 Flensburg-Altstadt | **ÖPNV** Bus 1, 7, Haltestelle Schifffahrtsmuseum | **Tipp** Im Oluf-Samson-Gang Nummer 3 wohnten gleich mehrere Flensburger Stadtdenker.

37_Der Kaufmannshof
Dem Städtebauförderungsgesetz sei Dank

Zu alt, zu baufällig, zu unattraktiv. So hieß es in der Nachkriegszeit über die einst prächtigen Kaufmannshöfe in der Flensburger Altstadt. Kaum jemand konnte sich vorstellen, aus den kleinen Räumen mit niedriger Decke ohne Heizung und mit Plumpsklo begehrte Wohnungen und teure Läden zu machen. Erst das Städtebauförderungsgesetz von 1971 brachte ein Umdenken. Denn plötzlich wurde der Erhalt historischer Stadtkerne von Bund und Ländern gefördert. Und viele der alten Kaufmannshöfe gehörten dazu. Der erste, der in Flensburg aufwendig saniert wurde, war der Kaufmannshof Norderstraße 86, und er gilt noch heute als Vorbild für eine gelungene Sanierung.

Der Hof in seiner heutigen Form geht auf die Kaufleute Hans Hansen und seinen Sohn Paul zurück, die die Gebäude Mitte des 18. Jahrhunderts (um-)bauten. 1886 zog die Wein- und Rumhandlung Marcus Bendixen Möller auf den Hof und brannte hier den weltbekannten Bommerlunder Schnaps (siehe Ort 111). Der Verkauf lief so gut, dass der Bommerlunder sogar nach Amerika geliefert wurde und auf der Weltausstellung 1904 in Saint Louis, Missouri, präsentiert wurde. Mit dem Tod des Besitzers gingen die Geschäfte der Schnapsbrennerei immer schlechter, sodass die Witwe das Bommerlunder-Rezept schließlich 1911 an die Spirituosenfirma Dethleffsen verkaufte.

Als der Hof 1975 saniert wurde, standen die meisten Gebäude leer. Die historische Bausubstanz konnte weitgehend erhalten werden, und sogar der Querspeicher wurde unter Wahrung seines Äußeren und des Krangiebels umgebaut. Heute befinden sich in der Hofanlage Wohnungen. Die Bewohner wissen das historische Erbe zu schätzen, erlauben Besuchern, »ihren« Hof zu besichtigen. Sie bitten einzig darum, dies mit dem nötigen Respekt zu tun und die Privatsphäre der Bewohner zu wahren. Dann geht es nämlich doch: das attraktive Wohnen in einem alten Kaufmannshof mitten in der Stadt.

Adresse Norderstraße 86, 24939 Flensburg-Altstadt | **ÖPNV** Bus 1, 7, Haltestelle Schifffahrtsmuseum | **Tipp** Schräg gegenüber der Norderstraße 84 sowie in der Großen Straße 83 und 87 befinden sich noch Straßenbahnrosetten, die bis 1973 die Straßenbahnoberleitungen hielten.

FLENSBURG

38 Das kleine Tauchermuseum
Schätze aus der Unterwasserwelt

Das Prunkstück der Privatsammlung ist ein 30 Kilo schwerer Taucherhelm aus reinem Messing. Den hat Peter Kopsch 1970 von einem Polizeibeamten in Berlin für 1.500 Mark ergattert. Heute ist er locker 3.000 Euro wert. Doch darum geht es dem Museumschef gar nicht. Ihn interessieren ideelle Werte. Denn in so einem Helm hat er 1972 seine Prüfung zum Berufstaucher bestanden. Er sammelt seltene Stücke, die er seit Kurzem im ersten Tauchermuseum Schleswig-Holsteins ausstellt. So wie das Helmtauchermesser aus Eisen von 1940, die erste Ausgabe der deutschen Tauchzeitschrift »Delphin« von 1954 oder eine von Hans Hass entwickelte Flosse.

Überhaupt Hans Hass: Der Unterwasserfilmer, der schon in den 1930er Jahren spektakuläre Filme über die Meereswelt veröffentlichte, ist Peter Kopschs großes Vorbild. Er animierte den Flensburger zum Tauchen, denn die faszinierende Unterwasserwelt, die er bislang nur aus Filmen kannte, wollte Kopsch auch sehen – live und in Farbe. Mit 16 Jahren machte er seinen ersten Tauchgang, mit 28 Jahren fing er bei der Berufsfeuerwehr in Flensburg an und bildete Rettungstaucher aus. Er ist Berufstaucher, Tauchlehrer und Leistungssportler, wurde 50-mal deutscher Meister im Streckentauchen. Mit und ohne Gerät.

Die Sammlerstücke lagerte der 77-Jährige jahrzehntelang zu Hause, bis seine Frau Gerda sich darüber beschwerte und sie gemeinsam das Museum eröffneten. Dort können Besucher nachvollziehen, wie die Technik mit den Jahren immer sicherer und bedienungsfreundlicher wurde. Und in einem kleinen Leseraum können sie in alten Tauchzeitschriften schmökern.

Seine Frau Gerda hat Peter Kopsch übrigens standesgemäß unter Wasser geheiratet: 1989 in der Ostsee. In Tauchanzügen, mit Zeichensprache und einem ziemlich feuchten Kuss. Natürlich gibt es Fotos davon. Aber die stehen bei Hans und Gerda Kopsch zu Hause – und nicht in dem kleinen Tauchermuseum.

Adresse Fahrensodde 20, 24944 Flensburg-Mürwik, www.kleines-tauchermuseum.de | **ÖPNV** Bus 3, 7, 10, 11, Haltestelle Twedter Plack, oder Bus 21, Haltestelle Twedter Plack/Fördestraße | **Öffnungszeiten** auf Anfrage, Eintritt frei, Spende willkommen | **Tipp** Ein paar Schritte ans Wasser laufen, sich in den Sand setzen und den Blick über die Ostsee schweifen lassen – bei guter Sicht bis zu den Ochseninseln kurz vor dem dänischen Festland.

FLENSBURG

39 Das Kompagnietor
Mit Ballast zu Geld

Das Kompagnietor besteht aus Ziegeln. Auf drei Schichten rote Ziegel folgen drei Schichten gelbe Ziegel. Dieses Farbenspiel ist typisch für die Architektur der Renaissance in Norddeutschland. Trotzdem brauchte man auch noch Sand für den Bau des Tores, viel Sand. Und das kam so:

Ende des 16. Jahrhunderts türmte sich am Ostufer des Hafens ein riesiger Sandberg auf, der dem städtischen Hospital gehörte. Diesen Sand wollten die Flensburger Schiffer als Ballast verwenden, um auf großer Fahrt besser im Wasser zu liegen. Also schloss das Flensburger Schiffergelag, die Vereinigung der Kapitäne und Seeleute, 1581 einen Vertrag mit dem Hospital, der es den Schiffern erlaubte, den Sand aus dem Ballastberg zu entnehmen. Zum einfacheren Verladen bauten die Seeleute die Ballastbrücke, an die noch heute die gleichnamige Straße erinnert. Das Geld, das die Schiffer für den Sand bezahlen mussten, floss in die Kassen des Hospitals und des Schiffergelages. Und mit diesen Einnahmen beteiligte sich das Schiffergelag 1602 am Bau des Kompagnietores, in dem sie später ihre Versammlungen abhielten. Und für den Bau brauchte man den Sand.

Das Kompagnietor war gleichzeitig auch repräsentatives Stadttor und beherbergte die offizielle Stadtwaage. Denn Gewichte waren damals nicht geeicht, sodass Reeder und Kapitäne ihre wertvollen Waren zum Wiegen in das Kompagnietor brachten. Später befanden sich in dem Gebäude noch eine Heuerstelle und das Hafenamt. Nach fast 200 Jahren zog das Schiffergelag aus, und seit 1996 ist das Tor Sitz des »European Centre for Minority Issues«, des Europäischen Zentrums für Minderheitenfragen.

Auch wenn sich die Privilegien und Rechte des Schiffergelages geändert haben, die Vereinigung gibt es immer noch. Nur ein paar Häuser weiter treffen sich die Mitglieder regelmäßig zum Klönschnack, zu Versammlungen und zum Einüben der Schiffertänze für das jährliche Gelagsfest.

Adresse Schiffbrücke 12, 24939 Flensburg-Altstadt | ÖPNV Bus 1, 4, 7, Haltestelle Fördebrücke | **Tipp** Wer die Schiffbrücke ein Stück weiter Richtung Hafenspitze entlangläuft, trifft auf das Waschhaus für die Besatzung der historischen Schiffe, das einem alten Waschhaus von 1920 nachempfunden ist.

40__Der Krahn
»Liebe Sabine …«

»Liebe Sabine, bitte bau den Krahn wieder auf«, steht auf einem Zettel, der in einem Briefumschlag steckt. Mit in dem Umschlag: etwas Geld als Spende für den Wiederaufbau des alten Wahrzeichens am Hafen. Gerichtet ist der Brief an Sabine Grosse-Aust vom Flensburger Museumshafen. Natürlich kann Sabine das nicht allein, aber sie hat Mitstreiter, und gemeinsam stemmen sie das Projekt. Seit dem 29. April 2016 steht die Holzreplik auf dem Bohlwerk. Die Vorgeschichte:

Im Jahre 1725 übergaben die Ältermänner des Flensburger Schiffergelages eine Bittschrift an den Magistrat der Stadt über die Anlegung eines »Krahns«, dessen Einnahmen dem Waisenhaus (siehe Ort 23) zugutekommen sollten. Das Schiffergelag hatte spezielle Privilegien für das Beladen von Schiffen mit Ballast und für die Reparatur der Schiffe. Dazu gehörte eine Vorrichtung zum »Kielholen« der Boote, um die Böden von Algen und Muschelbewuchs zu befreien und mit einem neuen Anstrich aus Teer zu versehen. Und demnächst sollte noch der Krahn dazukommen, mit dessen Hilfe auch die Masten der auf den Flensburger Werften gebauten Schiffe eingesetzt werden konnten. Am 4. Februar 1726 war es so weit, und der Krahn wurde nördlich des Herrenstalls errichtet. Die Schiffer konnten ihn für ein festes Entgelt nutzen, je schwerer die Last, desto höher der Preis. Im Laufe der Zeit wurde der historische Holzbau mehrfach erneuert und prägte bis Ende des 19. Jahrhunderts das Stadtbild.

1991 baute der Verein des Museumshafens die erste Replik des alten Krahns, die 2014 wegen Baufälligkeit abgerissen werden musste. Insekten und Pilzbefall hatten dem Holz zu sehr zugesetzt. Wie auch das Original war der Nachbau an seine biologischen Grenzen gestoßen. Der neue »alte« Krahn ist aus Stämmen der Douglasie, die bekannt ist für ihre Robustheit. Jetzt hofft nicht nur der Briefeschreiber, dass der Hafenkrahn diesmal länger hält.

Adresse Schiffbrücke 43, 24939 Flensburg-Altstadt | **ÖPNV** Bus 1, 7, Haltestelle Schifffahrtsmuseum | **Tipp** Am Kompagnietor, nur wenige Gehminuten Richtung Hafenspitze, zeugen Hochwassermarken von den Sturmfluten in der Stadt. Die älteste Marke ist von 1872.

FLENSBURG

41 — Der Krusehof
Alte Häuser brauchen alte Materialien

»Alte Häuser brauchen alte Materialien«, hat der inzwischen verstorbene »Vater der Roten Straße« Günter Kruse immer wieder gesagt. Der Glaskünstler und Galerist hat aus dem heruntergekommenen Krusehof ein idyllisches Kleinod geschaffen: mit alten Klostersteinen, massiven Eichenstämmen und einem handgeschmiedeten Treppengeländer, das er zusammen mit seinem Sohn aus einer Jugendstilvilla ausbaute.

Gekauft hat er den Hof 1960, ursprünglich um ihn als Werkstatt für die Herstellung von Kirchenfenstern zu nutzen. Damals stand das Fachwerk-Ensemble kurz vor dem völligen Zerfall. Nichts war von dem lebendigen Treiben des 17. und 18. Jahrhunderts übrig geblieben, als Flensburg direkt am berühmten Ochsenweg (siehe Ort 53) lag, der vom dänischen Viborg ins schleswig-holsteinische Wedel führte, und die Rote Straße Anlaufstelle für Händler, Kaufleute und Bauern war. Sie kauften und verkauften auf dem nahe gelegenen Südermarkt Kartoffeln, Felle und Werkzeug. Während sich der Knecht um die Pferde und die Waren kümmerte, saß der Herr oft schon in der Schankwirtschaft, genehmigte sich ein Bier und lauschte dem neuesten Tratsch und Klatsch. Auch der Krusehof war damals schon ein bedeutender Kaufmannshof mit Unterständen für die Pferde, Vorratslagern für Öl und Petroleum und einer Gaststätte. Noch heute zeugen der Brunnen in der Mitte des Hofes und die Flaschenzüge an den Fassaden vom bunten Treiben früherer Jahrhunderte.

Mit der Restaurierung seines Hofes setzte sich Günter Kruse auch für die Sanierung der anderen Gebäude in der Roten Straße ein, bis sie schließlich zu einer der schönsten Gassen Flensburgs wurde. Der Name Rote Straße kommt übrigens nicht, wie man vielleicht denken könnte, aus dem Rotlichtmilieu, sondern ist eine freie Übersetzung des ursprünglichen Namens Rudestraat, die früher durch das Rote Tor zu der Rude führte, einem Gehölz südlich der Stadt.

Adresse Rote Straße 24, 24937 Flensburg-Altstadt | **ÖPNV** Bus 12, 14, Haltestelle Neumarkt | **Tipp** Einen Hof weiter befindet sich das Wein- & Rumhaus Braasch, in dessen Hinterhof Familie Braasch ein kleines, aber feines Rummuseum eingerichtet hat.

42 — Le Kiosque
Französische Musik vom Plattenteller

Gerade mal 24 Quadratmeter hat »Le Kiosque«: für den Gastraum, die Küche und die Toilette. Davon gibt es übrigens nur eine, die ist unisex, mehr Platz ist nicht. Seit 2014 kocht hier Balthazar Hellwig, ein Deutsch-Franzose. Geboren in Oberbayern, aufgewachsen im Elsass und in Husum zur Schule gegangen. Und so sieht auch seine Küche aus: ein kulinarisches Cross-over mit Nord-Süd-Gefälle und regionalen Zutaten frisch vom Markt. Freitags und sonnabends bietet er jeweils ein Drei-Gänge-Menü an: Suppe, Hauptspeise und Dessert, wahlweise mit Fleisch oder vegetarisch. Das Menü kündigt er kurz vorher im Internet an, oft sind die Plätze dann schon reserviert.

Essen können hier maximal 15 Personen, dicht gedrängt an hölzernen Tischen, Austausch mit den (Tisch-)Nachbarn inklusive. Dazu gibt es Biere, Limonaden und Wein. Das Mineralwasser zum Essen ist kostenlos.

Früher war das, wie der Name schon sagt, ein Kiosk. Wo heute französische Quiche, gefülltes Geflügel und Käseteller serviert werden, wanderten jahrzehntelang Zeitschriften, Zigaretten und Kaugummis über den Verkaufstresen. Kioske haben in Flensburg eine lange Tradition. Warum das so ist, weiß keiner genau. Vielleicht liegt es an der Nähe zu Dänemark mit seinen Hotdog-Buden. Oder an den vielen Hafenarbeitern, die schon immer etwas für zwischendurch brauchten. Auf jeden Fall hat die Fördestadt bis heute die höchste Kiosk-Dichte in Schleswig-Holstein. Etwa 70 sollen es immer noch sein. Kreuz und quer über die Stadt verteilt.

Nur diesen einen in der Nordstadt gibt es jetzt nicht mehr. Dafür aber eine hervorragende Küche und authentische Musik vom Plattenteller. Meist französisch. Aufgelegt von Balthazar Hellwig, dem es in seinem »Le Kiosque« um mehr geht als um gutes Essen. Es geht ihm um ein Lebensgefühl, ein Stück französisches »Savoir-vivre« mitten in der Flensburger Nordstadt.

Adresse Apenrader Straße 47, 24939 Flensburg-Nordstadt | **ÖPNV** Bus 1, 7, Haltestelle Terrassenstraße | **Tipp** Zugegeben: Es sind etwa 30 Kilometer, aber wer die Apenrader Straße in Richtung Norden immer geradeaus fährt, kommt irgendwann nach – Åbenrå.

43 Das Liebespaar
Dem Himmel so nah

Die Hochhäuser Luv und Lee standen Pate für die Skulpturen an der Fördepromenade. Eine »Paarbeziehung« sollten sie darstellen, so die Ausschreibung für die Kunstwerke im Hafenviertel Sonwik – genauso wie Luv und Lee. Für die Bildhauerin Tietze Schmuck war sofort klar: Sie gestaltet ein Liebespaar. Zwei Menschen, die gemeinsam in eine Richtung gehen. »Eine Richtung« lautet deswegen auch der Titel ihrer Skulptur, die seit 2009 an der Innenförde steht. Die Figuren aus Lärchenholz halten sich im Arm und trotzen dem Wind. Sie sind fast 2,50 Meter groß und haben einen guten Draht »nach oben«, wie die Künstlerin sagt. Die Definition von »nach oben« überlässt sie dem Betrachter. »Das kann Gott sein, ein höheres Selbst oder Intuition, irgendwas, was uns mit allen und allem verbindet«, sagt die Wahl-Flensburgerin. Wichtig ist Tietze Schmuck auch, dass das Liebespaar nicht nur dem Himmel nah, sondern gleichzeitig auch geerdet ist. Deswegen steht es mit beiden Beinen fest auf einem Sockel.

Acht Skulpturen säumen das Förderufer, alle in einer Paarbeziehung. Der Spaziergänger mit seinem Hund genauso wie die beiden ins Wasser springenden Schwimmer. Sie beleben das Hafenviertel mit zeitgenössischer Kunst, ergänzen die Mischung aus alter und neuer Bausubstanz in dem 2004 im Rahmen eines Konversionsprojektes entstandenen Viertel Sonwik. Auf dem ehemaligen Gelände des Marinestützpunktes Mürwik befinden sich neben den 40 Meter hohen Häusern Luv und Lee auch ein moderner Yachthafen und die bundesweit bekannten »Wasserhäuser«. Sie sind auf lange Pfähle gegründet, und jedes dieser Häuser verfügt über eine riesige Dachterrasse und einen eigenen Liegeplatz.

Wer heute auf der Promenade flaniert, kann nicht nur Segler aus aller Welt begrüßen, sondern auch zwischen den Skulpturen umherwandern: als Liebespaar, Spaziergänger mit Hund oder als Schwimmer, der gleich in die Ostsee springt.

Adresse Fördepromenade/Auf der Mole, 24944 Flensburg-Mürwik | **ÖPNV** Bus 3, 7, Haltestelle Osterallee, oder Bus 21, Haltestelle Seewarte | **Tipp** Die Fördepromenade immer weiter in Richtung Norden bis zur Marineschule gehen und dort rechts in die Kelmstraße einbiegen. In der Nummer 11 befindet sich die alte Chefarztvilla des ehemaligen Marinelazaretts.

FLENSBURG

44 Der Margarethenhof
Die süße Seite Flensburgs

Der Margarethenhof hat eine bewegte Geschichte. Er steht seit dem 16. Jahrhundert auf der kleinen Anhöhe auf dem Ostufer, und fast jeder Besitzer brachte eine neue Nutzung mit. Die ersten 150 Jahre war das Anwesen Adelssitz verschiedener Flensburger Familien mit einem prächtigen barocken Lustgarten unmittelbar am Fördeufer. Dann wurde es für wenige Jahre bürgerlich, und als Peter Holst den Hof 1759 kaufte, wurde die Anlage zu einem gewerblichen Standort. Der Flensburger wollte eine Seifensiederei errichten, doch daraus wurde nichts, weil er kurze Zeit später starb. Stattdessen übernahm sein Bruder Matthias den Betrieb und ließ ihn in eine Zuckerraffinerie umbauen.

Im »Zuckerhof« wurde der Rohzucker aus Westindien zu Zucker, Sirup und Kandis verarbeitet und warf kräftige Gewinne für die Westindische Handelsgesellschaft ab. Pro Jahr wurden an die 300 Fässer Rohzucker raffiniert, etwa 225.000 Pfund, die alle mit eigenen Schiffen aus der Karibik importiert wurden. Der Prozentsatz raffinierten Zuckers war sehr unterschiedlich. Je besser die Qualität des Rohzuckers, desto höher war der gewinnbringende Zuckeranteil. In den Jahren um 1780 ergaben 1.000 Pfund Rohzucker durchschnittlich 370 Pfund Zucker und 580 Pfund Sirup, die restlichen 50 Pfund gingen bei der Verarbeitung verloren. Um die großen Warenmengen zu lagern, wurde ein Speicher gebaut, der auch heute noch erhalten ist.

Auf die Zuckerraffinerie folgte 1842 eine Eisengießerei, die auf dem Gelände des Lustgartens und dem inzwischen verlandeten Fördebereich ausgebaut wurde. Der Inhaber Nikolaus Jepsen finanzierte den Ausbau mit einer Kaution seines Schwiegervaters und nannte das Anwesen zu Ehren seiner Schwiegermutter Margarethe »Margarethenhof«.

Heute ist das historische Anwesen eine denkmalgeschützte Wohnanlage, die stilgerecht nach dem Vorbild der repräsentativen Fabrikantenvilla von 1911 saniert wurde.

Adresse Johannisstraße 78, 78a, 78b, 80, 24937 Flensburg-Jürgensby | **ÖPNV** Bus 3, 7, 10, 11, Haltestelle Sankt-Jürgen-Platz | **Tipp** Nur ein paar Häuser weiter steht das »hässliche Entlein«, das Haus in der Johannisstraße 49, das sich erst mit einer aufwendigen Sanierung 1990 zum schönen Schwan gemausert hat.

FLENSBURG

45 _ Migges Danish Bakery
Pausenraum

An dieser Stelle muss einfach mal aus dem Nähkästchen geplaudert werden. Denn jedes Mal wenn der Kieler Fotograf Jens Hinrichsen in Flensburg auf Motivsuche für dieses Buch war, hat er sich in der dänischen Bäckerei einen »Kopenhagener Birkes« mit Mohn gekauft, ein typisch dänisches Blätterteiggebäck, das mit Marzipan gefüllt ist. Und der Fotograf war oft in Flensburg. Manchmal passte das Licht nicht, ein anderes Mal waren die Krokusse noch nicht aufgeblüht oder eine Kirchentür verschlossen. Zum Kopenhagener gab es keinen Kaffee. Es ging schließlich um das süße Gebäck. So begegnete er auch Migge, dem die Bäckerei gehört.

Migge heißt eigentlich Michael Ketelsen, ist Däne und stammt aus einer Bäckerfamilie. Als Grenzgänger verliebte er sich in die Stadt Flensburg und beschloss 2010, neben seiner Bäckerei im dänischen Skovby die erste dänische Bäckerei in Flensburg zu eröffnen. Gesagt, getan: Seit November 2010 gibt es Migges Danish Bakery, und die Flensburger müssen nicht mehr über die Grenze fahren, um original dänisches Gebäck zu kaufen. Natürlich backt Migge neben Kopenhagener Birkes auch noch Zimtschnecken, Wienerbrot, Rumkugeln und Franskbrot – das typisch dänische Weißbrot mit hellem Mohn. Und ja, er backt selbst. Drei- bis viermal in der Woche fährt Migge die 60 Kilometer von Skovby nach Flensburg, um ab drei Uhr morgens in der offenen Backstube in der Norderstraße den Ofen anzuwerfen. Er schätzt den direkten Kontakt zu den Flensburgern und freut sich über jedes Feedback. Egal, ob Lob oder Kritik. Regelmäßig experimentiert er mit neuen Rezepten. Seine neueste Kreation ist ein Chia-Kürbis-Brot. Das hat der Fotograf Jens Hinrichsen allerdings noch nicht probiert. Er nascht jedes Mal einen »Kopenhagener Birkes«. Welcher der 111 Orte sein Lieblingsort ist, da möchte sich der Fotograf nicht festlegen. Auf jeden Fall aber ist Migges Bäckerei sein liebster Pausenraum.

Adresse Norderstraße 9, 24939 Flensburg-Altstadt | **ÖPNV** Bus 4, Haltestelle Toosbüystraße | **Öffnungszeiten** Mo–Fr 7–18 Uhr, Sa 7.30–16 Uhr, So 8–14 Uhr | **Tipp** Der imponierende Greifvogel am Haus des einstigen Hoffotografen Hinz in der Toosbüystraße 15 lohnt einen Blick.

FLENSBURG

46 Die Mondsichelmadonna
Salben, Pillen und Säfte

Sie hängt neben Kopfschmerztabletten, Halspastillen und Lippenbalsam und überstrahlt alles: die Mondsichelmadonna in der Nikolai-Apotheke. Eine Madonna in einer Apotheke? Ungewöhnlich, aber erklärbar.

Die Apotheke befindet sich im ältesten Kaufmannshaus Flensburgs, das kurz nach dem großen Stadtbrand von 1485 vom Ochsenhändler Jens Lorup errichtet wurde. Schon kurze Zeit später ist ihm das Haus zu klein, und er erweitert es nach Westen. Bei der Erneuerung des Westgiebels entsteht 1589 die Mondsichelmadonna. Der Meister Hinrich »Stenhouwer und Snitker« fertigt sie aus Bückeberger Stein, einem Sandstein aus Niedersachsen. Im Arm hält die Muttergottes das Jesuskind. Links von ihr sind die Heilige Sippe und fragmentarisch erhaltene Spruchbänder zu erkennen. Eine Madonna in einem bürgerlichen Haus ist eher ungewöhnlich – aber nicht verboten. Zeugt sie doch von der Frömmigkeit der Bewohner, der diese auch nach außen Ausdruck verleihen wollen. Irgendwann wird das Haus verkauft und die Madonna einfach übermalt. Als das Haus 1998 saniert wird, entdecken Arbeiter in der alten Kaufmannsdiele, dem heutigen Verkaufsraum, das Wandgemälde, und die Besitzer lassen es aufwendig restaurieren, sodass die Madonna heute wieder in altem Glanz erstrahlt.

An der Fassade des spätgotischen Gebäudes steht noch die Jahreszahl 1436. Sie weist auf das Baujahr des Vorgängerhauses hin, das beim Stadtbrand zerstört wurde. Bevor das Haus zu einer Apotheke wurde, war es nach dem Zweiten Weltkrieg ein Bekleidungsgeschäft, in dem Herrenanzüge und Hemden verkauft wurden. Das Unglück, das 1960 geschah, konnte auch die Madonna nicht verhindern: Bei einem Kühllaster versagten die Bremsen, und der Lkw fuhr in die Seite des Hauses. Dabei starben drei Menschen, und viele wurden verletzt. Seit 1998 gehen Wundsalben, Nasentropfen und Hustensäfte über die Ladentheke – vermutlich mit dem Segen der Madonna.

Adresse Nikolai-Apotheke, Südermarkt 12, 24937 Flensburg-Altstadt | **ÖPNV** Bus 2, 10, 11, Haltestelle Südermarkt, oder Bus 1, 3, 5, 7, Haltestelle Südermarkt/Dr.-Todsen-Straße | **Öffnungszeiten** Mo–Fr 8–19 Uhr, Sa 8–18 Uhr | **Tipp** Schräg gegenüber in der Holmpassage steht Flensburgs einziges »Haus im Haus«, in dem heute im Café »Extrablatt« Gäste bewirtet werden.

FLENSBURG

47 _ Der Mühlenstein
Oase der Ruhe

Für manche ist er ein magischer Ort, dieser Mühlenstein hoch oben über der Stadt. »Es gibt ein gutes Gefühl, hier zu stehen und die Ruhe zu genießen«, sagt eine Spaziergängerin während der Recherche für dieses Buch. Der Mühlenstein steht vor der alten Bergmühle, doch die sieht die Spaziergängerin nicht. Sie hat nur einen Blick für das schöne Stadtpanorama mit der Sankt-Petri-Kirche.

Der Stein ist ein Überbleibsel aus der Mühle in Süderschmedeby und sollte den Grundstock für ein Mühlenmuseum bilden. Ehrenamtliche des Vereins zur Erhaltung der Bergmühle haben ihn vor Jahren hier aufgestellt. Doch dann ist es bei diesem einen Exponat geblieben, der Erhalt der Mühle erfordert ihr ganzes Engagement, und die Idee mit dem Museum ist erst einmal auf Eis gelegt.

Im Laufe der Jahrhunderte gab es in Flensburg 24 Wasser- und 30 Windmühlen. Auf dem Höhepunkt des Mühlenwesens, um das Jahr 1850, drehten sich auf den Höhen über der Stadt 19 Windmühlen gleichzeitig. Als einzige intakte Windmühle ist davon heute nur noch die Bergmühle übrig geblieben. Ursprünglich diente sie der Herstellung von Graupen, denn die Mehlproduktion war bei ihrem Bau 1792 ausschließlich den königlichen Mühlen vorbehalten. Aufgrund des noch bis 1853 geltenden Mühlenzwangs durften nur Müller Getreide verarbeiten, die ein herzogliches Privileg hatten. Andere, sogenannte freie Mühlen mussten mit den minderwertigen Graupen vorliebnehmen. So auch die Bergmühle. Mit dem Niedergang des Mühlenwesens begann auch der Verfall der Bergmühle, bis sich Anfang der 1980er Jahre der Mühlenverein gründete. Seitdem wird das historische Gebäude nach und nach restauriert.

Mehrmals im Jahr veranstaltet der Verein Feste, Lesungen und Konzerte und öffnet die Mühle für interessierte Besucher. Mit dem Erlös wird der Erhalt der historischen Bergmühle finanziert. Und vielleicht wird irgendwann doch einmal ein Mühlenmuseum eröffnet.

Adresse An der Bergmühle 7, 24939 Flensburg-Nordstadt, www.bergmuehle-flensburg.com | **ÖPNV** Bus 1, 7, Haltestelle Bauer Landstraße oder Terrassenstraße, oder Bus 2, 4, Haltestelle Wielandweg | **Tipp** Wer die Straße »An der Bergmühle« zurück zur Bauer Landstraße geht und dann rechts abbiegt, kommt an den Turnerberg, einen kleinen Weg, der immer wieder schöne Blicke freigibt.

FLENSBURG

48 — Der Mühlenteich
Grab eines Eisenbahnwaggons

Die Zweige der alten Bäume hängen ins Wasser, Vögel zwitschern leise ein Lied, und ab und an rauscht eine der alten Linden. Idyllisch ist es am (fast) verschwundenen Mühlenteich, nur die Eisenbahn nach Kiel rauscht im Hintergrund. Kaum vorstellbar, aber dieser verwunschene Ort liegt mitten in Flensburg, gleich hinter dem Bahnhof.

Die kleine Pfütze ist ein Rest der beiden Mühlenteiche, die einst den Süden der Stadt prägten. Die »Mühle« im Namen verweist auf die ehemalige Wassermühle, die früher auf dem Grundstück des heutigen Kaufhauses C&A stand. Damit sich das Mühlenrad jederzeit drehen konnte, staute man das Wasser. Nach ständigem Verlanden wurde die einst große Seefläche durch einen Weg geteilt. Dann kam die Eisenbahn, die 1854 von Tönning nach Flensburg fuhr, und der Bahndamm durchschnitt wieder das Wasser.

In den 1920er Jahren wurde der neue Bahnhof gebaut, genau dort, wo sich die Mühlenteiche befanden. Die Sohle der Teiche lag damals 12 Meter unter dem Meeresspiegel und musste mit ungeheuren Mengen Sand, Steinen und Geröll zugeschüttet werden. Da es schon eine Eisenbahntrasse gab, wurden die Erdmassen mit Güterzügen herangekarrt. An einigen Stellen wurden Tag für Tag Hunderte von Wagen mit Boden entladen, ohne dass sich sichtbar etwas tat. Im Gegenteil: An anderen Stellen rissen große Erdschollen ab und glitten in wenigen Augenblicken samt der Eisenbahnwaggons in die Tiefe. Zum 125-jährigen Jubiläum hieß es in einem Artikel: »Anfängliche Rutschungen ließen die Befürchtung aufkommen, dass ganze Bahnhofs- und Straßenschüttungen abgleiten, ja sogar die angrenzende Schokoladenfabrik Kosmos durch Moorverdrückungen gefährdet werden könnte.« Heute ist bekannt: Die Schokoladenfabrik ist nicht im Moor versunken und der Bahnhof wurde 1927 eingeweiht. Doch es ist durchaus möglich, dass auf dem Grund des Mühlenteichs auch heute noch ein Eisenbahnwaggon liegt.

Adresse Valentinerallee, 24941 Flensburg-Südstadt | **ÖPNV** Bus 14, Haltestelle Valentinerallee | **Tipp** Der Bahnhof lohnt auch einen Besuch, wenn man nicht in den Zug steigen will. Besonderes Augenmerk verdienen die kleinen Pavillons auf den Bahnsteigen.

49 Die Mumiengrotte
Ein Grab im Garten

»Tod ist nicht Tod – ist nur Veredelung sterblicher Natur«, steht über dem ersten nicht kirchlichen Friedhof Deutschlands von 1787 in Dessau. In Zeiten der Aufklärung lösen sich die Menschen davon, Verstorbene nur auf Kirchhöfen zu begraben, sie wollen ihnen auch in der freien Natur eine letzte Ruhestätte geben. Und einige, wie der Flensburger Kaufmann Peter Clausen Stuhr, wünschen sich sogar ein Grab im eigenen Garten.

1797 erwirbt der Kaufmann eine Windmühle mit Ländereien und einem Wohnhaus. Auf diesem Gelände gestaltet er einen öffentlichen Park nach dem Vorbild englischer Landschaftsgärten, die er während seiner Lehre im Vereinigten Königreich kennengelernt hatte. Der Garten liegt damals noch außerhalb der Stadtgrenze, und Stuhr bekommt 1809 die Erlaubnis, dort ein Familiengrab einzurichten. Hier werden seine Frau und ein verwandtes Mädchen beigesetzt.

Wie es im 18. Jahrhundert für einen englischen Landschaftsgarten durchaus üblich ist, stattet Peter Clausen Stuhr seine Grünanlage mit einer Felsengrotte aus, in der ein antiker phönizischer Sarkophag in Gestalt eines Menschen liegt. Der Sarkophag stammt aus der Zeit um 400 vor Christus und ist vielleicht als Ballast auf einem Schiff nach Flensburg gekommen. Die Mumiengrotte verkörpert für viele einen mystischen, schauerlichen Totenkult und die in weiten Teilen Europas verbreitete Rückbesinnung auf griechische, römische und ägyptische Hochkulturen. Einige Kunsthistoriker bringen das Grab im heutigen Christiansenpark auch mit den Freimaurern in Verbindung, verweisen dabei auf die Hoffnung auf Transzendenz in das göttliche Universum der Natur. In dem Sarg wurde, seitdem er in der Grotte seinen Platz gefunden hat, nie ein Toter beigesetzt.

Stuhr selbst wird 1820 auf dem Alten Friedhof beerdigt. Bei dieser Gelegenheit bettet man auch die Leichen seiner Frau und des Mädchens in das Familiengrab auf dem Friedhof um.

Adresse Mühlenstraße 7, 24937 Flensburg-Westliche Höhe | ÖPNV Bus 2, Haltestelle Wrangelstraße oder Mühlenfriedhof | Tipp Die größte Gruft Schleswig-Holsteins ist die Lassen-Gruft auf dem Mühlenfriedhof, die in wenigen Schritten über die Mühlenstraße zu erreichen ist.

FLENSBURG

50__ Die Museumswerft
Bootsbauer gesucht

Die Planken morsch, die Farbe abgeblättert, die Aufbauten abgetragen – Haikutter »Harry« liegt auf dem Trockenen. Aber so soll es nicht bleiben. Das 1912 in Esbjerg gebaute Schiff soll wieder flottgemacht werden, damit es auf der Ostsee kreuzen kann. In der Museumswerft werden historische Schiffe gebaut und restauriert. Dabei können Landratten zuschauen und mit anpacken. Wer will, kann auf der Werft sogar eine Lehre im Bootsbau machen und das traditionelle Handwerk von der Pike auf lernen. Aktuell restaurieren die Bootsbauer ein Folkeboot von 1940 und präparieren eine Barkentine von 1953 als Wrack für eine Tauchschule.

1996 hat der Initiator der Museumswerft Uwe Kutzner zusammen mit fleißigen Helfern auf einem alten Parkplatz am Hafen die ersten historischen Jollen gebaut. Seitdem arbeiten Bootsbaumeister, Lehrlinge und ehrenamtliche Mitarbeiter an unterschiedlichen Schiffen und Projekten. Regelmäßig finden Führungen statt, Schulklassen kommen und bauen kleine Holzboote, und an einem »Vater-Kind-Wochenende« können Familien Paddel, Seemannskisten oder sogar einen Opti bauen, eine kleine Jolle.

Uwe Kutzners Traum ist es, den historischen Westindiensegler »Forening« von 1779 in Originalgröße nachzubauen. Die in Flensburg gebaute »Forening« war ein 28 Meter langer Zweimaster, der Zucker und Rum von der westindischen Insel Saint Croix in die Fördestadt brachte. Ein Modell im Maßstab 1:3,5 gibt es schon. Das wiegt zehn Tonnen und steht auf der Werft. »Das Modell war wichtig«, sagt Uwe Kutzner, »um zu erfahren, mit welchen Schwierigkeiten die Bootsbauer früher zu kämpfen hatten. Es gab Planken, die mussten wir unglaublich scharf biegen.« Doch um seinen Traum zu verwirklichen, braucht Uwe Kutzner weitere Bootsbauer, die das traditionelle Handwerk beherrschen. Und wer weiß – wenn er die gefunden hat, restaurieren sie vielleicht auch den Haikutter von 1912.

Adresse Schiffbrücke 43, 24939 Flensburg-Altstadt, Tel. 0461/182247 | **ÖPNV** Bus 1, 7, Haltestelle Schifffahrtsmuseum | **Öffnungszeiten** täglich 8–17 Uhr | **Tipp** Jeden Freitag und Samstag legen im »Phono« schräg gegenüber der Museumswerft verschiedene DJs Tanzmusik auf – Nachtclub mit tollem Hafenblick!

51 Der Neptunbrunnen
Abifeier mit Neptuntaufe

Als der Fotograf den Neptunbrunnen vor die Linse bekommt, ist er schon wieder weg: der Dreizack, den der Meeresgott normalerweise siegesgewiss in der rechten Hand hält. Denn regelmäßig vergreifen sich Souvenirjäger an dem stählernen Stück, lassen es in einer Nacht-und-Nebel-Aktion verschwinden. Sehr zum Leidwesen der Flensburger. Die haben sich nämlich gerade dafür eingesetzt, dass der im Rokokostil erbaute Brunnen von 1758 für viel Geld komplett saniert wurde. Der alte Sandstein war schlicht in die Jahre gekommen. Mörtelplomben wurden gelöst, Fugen erneuert und Steine befestigt oder ausgetauscht. Ein neuer Dreizack wurde in Auftrag gegeben, und auch die fehlende Hand Neptuns wurde neu modelliert, damit der Meeresgott den lange vermissten Dreizack wieder fest im Griff haben kann.

Der denkmalgeschützte Brunnen bildet den Mittelpunkt des Nordermarktes, des ältesten Marktplatzes der Stadt. Drum herum stehen alte Kaufmannshäuser, im Sommer laden Cafés zum Draußensitzen ein. Den achteckigen Brunnen ziert auf jeder Seite ein besonderes Motiv: das Flensburger Stadtwappen, das dänische Staatswappen, ein Spiegelmonogramm von König Friedrich V. und verschiedene Ornamente im Rokokostil.

Einmal im Jahr treffen sich hier traditionell etwa 100 Schüler der dänischen Duborg-Skolen (siehe Ort 17), um ihr Abitur zu feiern. Sie strömen vom dänischen Generalkonsulat über Heiliggeistgang und Große Straße zum Nordermarkt, singen Loblieder auf ihre Schule und rufen: »Vi er studenter nu!« – »Wir sind nun Studenten!« Fahnenschwenkend und mit rot-weißen Mützen auf dem Kopf entert die ausgelassene Gruppe den Brunnen und nimmt ein Bad. Das Ritual der Neptuntaufe gibt es bereits seit Mitte der 1980er Jahre. Und es soll noch lange erhalten bleiben. Wenn es nach den Flensburgern geht, dann bitte mit einem Neptun, der in Zukunft wieder einen Dreizack in der Hand hält.

Adresse Nordermarkt, Marienkirchhof 1, 24937 Flensburg-Altstadt | **ÖPNV** Bus 1, 4, 7, Haltestelle Fördebrücke | **Tipp** Gegenüber dem Neptunbrunnen liegt der Neptunhof – klein und schnuckelig.

FLENSBURG

52 — Das Nordertor
Das Wahrzeichen der Stadt

Das Nordertor ist das letzte Stadttor, das noch übrig geblieben ist. Und die Flensburger halten es in Ehren. Auch oder vielleicht gerade weil ihm mehrmals der Abriss drohte.

Sein Bau geht auf das 16. Jahrhundert zurück, als sich die Stadt immer weiter ausdehnt und ein neues Stadttor braucht. 1595 wird dann das Nordertor errichtet, an dessen Giebel noch der für diese Zeit typische Wechsel gelber und roter Ziegel zu erkennen ist. Bis Ende des 19. Jahrhunderts ist das Tor in die Stadtmauer eingebunden, aber als diese abgerissen wird, verliert es seine Funktion und steht manchem Flensburger sogar im Weg. 1881 sammeln Anlieger 5.250 Mark, um das »Verkehrshindernis« wegzuräumen. Auch ein Gutachten bescheinigt dem Nordertor, »keine Zierde der Stadt« zu sein. Doch alle Anträge auf Abbruch scheitern. Stattdessen wird das Nordertor im 20. Jahrhundert mehrfach saniert und entwickelt sich zum Wahrzeichen der Stadt. Das geht so weit, dass manche es sogar anstelle des offiziellen Stadtwappens verwenden.

Millionenfach wird der Name Flensburg in die Welt hinausgetragen, als das Nordertor 1966 auf einer 30-Pfennig-Briefmarke erscheint und zum Bestseller der Deutschen Bundespost wird. 30 Jahre später bauen Arbeitslose ein Modell des Tores, das heute in der Filiale der Commerzbank am Rathausplatz steht. Sie verarbeiten etwa 11.800 Miniziegel, die extra in Dänemark gebrannt werden, verbauen fast 2.500 Dachpfannen und knapp 1.000 Pflastersteine für den Gewölbedurchgang. Der Nordertor-Chor widmet sich der gehobenen geistlichen und weltlichen Musik und heimst regelmäßig Preise ein.

Es gibt Flensburger, die stören sich an dem modernen Anbau der Phänomenta, der inzwischen bis an das Nordertor heranreicht. Und es gibt Bestrebungen, das zu verändern. Aber dem Alleinstellungsmerkmal des Tores tut ein solcher Anbau keinen Abbruch – es ist und bleibt das Wahrzeichen der Stadt.

Adresse Am Nordertor, 24939 Flensburg-Neustadt | **ÖPNV** Bus 1, 7, Haltestelle Nordertor | **Tipp** Wer »Am Nordertor« entlangläuft und links in die Schiffbrücke einbiegt, ist am Volksbad. Das einstige Schwimmbad ist heute ein Veranstaltungszentrum.

53 Der Ochsenweg
Für Pilger, Ochsen und Radfahrer

Der Ochsenweg ist ein historischer Landweg, der vom dänischen Viborg bis ins schleswig-holsteinische Wedel führt und seinen Ursprung vermutlich in der Bronzezeit hat. Den deutschen Namen hat er von der Ochsendrift, die ab Mitte des 14. Jahrhunderts über diese Strecke verlief. Rinder, aber auch Gänse, Schweine, Ziegen und Schafe wurden im Frühjahr aus Jütland zu den großen Viehmärkten in Wedel und Hamburg getrieben. Eine Herde bestand im Durchschnitt aus etwa 50 Tieren, die von mehreren Treibern und Futterbeschaffern begleitet wurden. Die Futterbeschaffer reisten voraus, um Unterkünfte und Nahrung für die Tiere und die Treiber zu organisieren. Zur Hochzeit des Ochsenhandels im 16. Jahrhundert zählten Zollbeamte innerhalb eines Jahres bis zu 50.000 Ochsen. In Wedel angekommen, wurden die abgemagerten Rinder zunächst auf den saftigen Marschenwiesen gemästet, um sie dann im Herbst gewinnbringend auf den Ochsenmärkten zu verkaufen. Mit gut gefülltem Geldbeutel reisten die Händler und Treiber dann zurück in die dänische Heimat. Während der beschwerliche Hinweg mit den Ochsen etwa zwei Wochen dauerte, schafften sie die Strecke zurück in wenigen Tagen.

Der Ochsenweg war aber nicht nur Handelsweg, sondern auch eine zentrale Verkehrsader, die Nord- und Mitteleuropa miteinander verband. Seine Route nutzten auch Pilger, Reisende und Postlinien. Dabei war das Reisen auf den unbefestigten Trassen alles andere als ein Vergnügen. Im Sommer waren die Wege staubig und im Winter matschig und grundlos.

In Dänemark wird der Weg nicht Ochsen-, sondern Heerweg oder Hærvejen genannt, was auf die militärische Bedeutung der Strecke verweist. Der Weg diente immer wieder als Rück- oder Aufzugsstrecke für dänische, schwedische und deutsche Armeen. Heute ist der Ochsenweg ein beliebter Wander- und Radweg, dessen typisches Merkmal die beiden gekreuzten Hörner am Wegesrand sind.

Adresse am Kreisel Ochsenweg/Lilienthalstraße, 24941 Flensburg-Weiche | **ÖPNV** Bus 11, 12, Haltestelle Ochsenweg | **Tipp** Wer auf dem Ochsenweg weiter Richtung Norden pilgert, trifft linker Hand auf den Flugplatz Schäferhaus (Eingang von der Lecker Chaussee), von dem aus im Jahr 1911 das erste Flugzeug mit dem Namen »Schall« startete.

54 Der Oluf-Samson-Gang
Tote Hose in der Liebesgasse

Am Ende waren es nur noch zwei Damen. Beide über 60 Jahre alt und ihrer Liebesdienste überdrüssig. 2015 verließen auch sie den Oluf-Samson-Gang, viele Jahre die erste Adresse für das horizontale Gewerbe – mitten in Flensburg und mit Blick auf den Hafen.

1918 kamen die ersten Prostituierten, bis dahin war die öffentliche Ausübung dieser Dienstleistung in Deutschland verboten. Ende der 1960er Jahre waren in der malerischen Gasse mehr als 70 praktizierende Damen anzutreffen. Das Gewerbe florierte, war über die Grenzen bis nach Dänemark bekannt. Genauso wie Elisabeth Mogensen, eine ehemalige Köchin, alleinerziehend mit Kind, die hier als (Puff-)Mutter fungierte. Mit schwarz gefärbtem Haar und dicker Zigarre wachte sie über »ihre« Mädchen. Sie kochte für sie, verteilte Geschenke, hielt ihnen unangenehme »Luden« vom Leib – und verdiente an ihnen.

Es gibt aus dieser Zeit unzählige Geschichten über den Oluf-Samson-Gang. Von der Unterwelt, von Zuhältern und käuflicher Liebe. Und die von der Mutprobe: Spannend war diese kleine, mit Kopfsteinpflaster verfugte Gasse auch für die Primaner des Alten Gymnasiums. Sie standen, teils lachend, teils verschämt, am oberen Ende und stachelten sich gegenseitig an, durch die Gasse zu laufen. Vorbei an den Damen, die hinter den Fenstern nach Freiern Ausschau hielten. Einige trauten sich und liefen los. Und plötzlich öffnete sich ein Fenster, und ein Nachttopf wurde auf die Straße geschmissen – samt Inhalt. Es wird berichtet, die Draufgänger hätten Glück gehabt. Der Nachttopf flog vorbei, und die Mutprobe war bestanden.

Mit dem Abzug der Marine ging die Zahl der Freier rapide zurück, 1995 gab es nur noch zwölf Damen. Und 2015 gingen die letzten. Tote Hose in der Liebesgasse. Inzwischen sind fast alle der 26 Häuser liebevoll saniert. In der einst sündigen Meile Flensburgs wohnen jetzt »ehrbare« Bürger.

Adresse Oluf-Samson-Gang, 24939 Flensburg-Altstadt | **ÖPNV** Bus 1, 7, Haltestelle Schifffahrtsmuseum, oder Bus 4, Haltestelle Toosbüystraße | **Tipp** Wer vom unteren Ende des Oluf-Samson-Gangs auf die andere Hafenseite blickt, erspäht das »Klarschiff«, ein futuristisch anmutendes Gebäude in Form eines Schiffes, das aufgrund seiner Architektur polarisiert.

55 — Die Orgel
Meisterwerk des Klangs

Natürlich sollte eine Orgel in erster Linie gehört werden. Wer also die Möglichkeit hat, einen Gottesdienst oder ein Konzert in der Sankt-Nikolai-Kirche zu besuchen – nur zu. Es lohnt sich. Doch auch der Anblick imponiert. Wie sie da oben thront als eine der bedeutendsten Renaissance-Orgeln Norddeutschlands.

Anfang des 17. Jahrhunderts stand Flensburg unter dänischer Herrschaft, und König Christian IV. hielt sich häufig in der Fördestadt auf. Meist residierte er auf Schloss Duburg und wollte auch dort nicht auf Orgelmusik verzichten. So beauftragte er 1604 den Hoforgelbauer Nicolas Maaß, in der größten Kirche der Stadt eine Orgel zu bauen. Der Bau dauerte fünf Jahre, der 15 Meter hohe und sieben Meter breite Prospekt mit dazugehöriger Orgelempore ist ein Meisterwerk des Flensburger Bildschnitzers Heinrich Ringering. Noch heute gehört das kunstvolle Schnitzwerk zu den größten Prospekten in Nordeuropa. 100 Jahre später wurde die Orgel von Arp Schnitger zu einem barocken Orgelwerk umgebaut und vergrößert. Und nach dem Turmbrand von 1877 erweiterte die Apenrader Orgelbaufirma Marcussen das Instrument für symphonische Musik und glich es dem veränderten Klangempfinden der Romantik an.

1997 dann ein weiterer Meilenstein: Der international renommierte Orgelbauer Gerald Woehl gestaltet das Instrument in zwölf Jahren komplett neu. Statt einer üblichen Universalorgel baut er hinter dem historischen Prospekt zwei Stilinstrumente, die die Geschichte der Orgel nachzeichnen. Die Schnitger-Orgel wird unter Verwendung historischer Pfeifen restauriert und erzeugt einen authentischen Klang norddeutscher Barockmusik. Dahinter befindet sich jetzt eine symphonische Orgel mit den Merkmalen großer romantischer Orgeln und einem eigenen Spieltisch auf der Sängerempore. Man könnte versuchen, den Klang zu beschreiben, doch am besten hören Sie ihn sich selbst an.

Adresse Nikolaikirchhof 8, 24937 Flensburg-Altstadt | **ÖPNV** Bus 2, 10, 11, Haltestelle Südermarkt, oder Bus 1, 3, 5, 7, Haltestelle Südermarkt/Dr.-Todsen-Straße | **Tipp** Die Sankt-Nikolai-Kirche liegt auf der europäischen Route der Backsteingotik, die 40 Städte und Regionen miteinander verbindet. Ein weiteres Gebäude auf der Route ist das älteste Kaufmannshaus der Stadt, die heutige Nikolai-Apotheke am Südermarkt 12.

FLENSBURG

56 Das Orpheus Theater
Eines der kleinsten Theater Deutschlands

Sie singt, spielt, putzt den Tresen und verkauft Tickets: Conny Meesenburg ist die gute Seele des Orpheus Theaters. Nicht nur hinter, sondern auch auf der Bühne. Gegründet hat sie das kleine Theater 1991 mit ihrem inzwischen verstorbenen Lebensgefährten Helge Thordsen. Er führte damals die Kneipe Porticus (siehe Ort 84), sie arbeitete als Schauwerbegestalterin, dekorierte Brillenläden und Boutiquen. Inspiriert vom Hamburger Schmidt Theater wollte das ungleiche Paar ein ähnliches Haus in Flensburg aufziehen, betrieben auf dem Dachboden über dem Porticus, das sich heute noch im Erdgeschoss des alten Hauses aus dem 18. Jahrhundert befindet.

Ein Handwerker verschalte Wände und Decke und baute eine Bühne. Helge Thordsen sammelte auch Antiquitäten, Kronleuchter und Spiegel. Eine wahre Fundgrube für Conny Meesenburg. Dazu kamen Schätze von Flohmärkten aus Hamburg und Berlin, und die Schaufenstergestalterin legte los: Sie strich die Wände und dekorierte den Saal mit alten Raritäten. Einer der Ersten, der bei ihnen auftrat, war der damals noch unbekannte Tim Fischer, der vom Orpheus aus seine Karriere startete.

Seit mehr als 25 Jahren haben 60 Zuschauer Platz in diesem in stimmungsvollen roten, schwarzen und goldenen Farben gehaltenen kulturellen Juwel. Damit gehört das Orpheus zu den kleinsten Theatern Deutschlands. Apropos Orpheus: Der Name ist eher zufällig gewählt und hat nichts mit der mythologischen Gestalt zu tun, die als Sänger und Dichter einst Götter und Menschen betörte. Auf der Suche nach einem Namen für ihr Haus schlugen die beiden Theatermacher einfach eine Seite im Duden auf, und da »sprang ihnen der Begriff entgegen«.

So singt Conny Meesenburg in ihrem eigenen Theater Lieder von Marlene Dietrich und Zarah Leander sowie Couplets von Friedrich Hollaender. Sie macht aber auch die Werbung, gestaltet das Programm und engagiert Künstler – die gute Seele des Orpheus Theaters.

Adresse Marienstraße 1, 24937 Flensburg-Altstadt, www.orpheustheater.de | **ÖPNV** Bus 1, 4, 7, Haltestelle Fördebrücke, oder Bus 4, Haltestelle Toosbüystraße | **Tipp** Schräg gegenüber dem Theater produziert Familie Johannsen seit 1878 Rum und Spirituosen, betreibt in vierter Generation das älteste Rumhaus der Stadt.

FLENSBURG

57_Das Pariser Zimmer
Gold für einen Flensburger

Reich geschnitzte Holzpaneele, eine aufwendige Kassettendecke, textile Wandbespannungen und originale Möbel aus dem 19. Jahrhundert – so mancher Besucher ist überwältigt von der Pracht des Pariser Zimmers. Kein Wunder, wurde es doch für die Weltausstellung 1900 in Paris errichtet und sollte das Deutsche Reich repräsentieren.

Der Auftrag an den Flensburger Heinrich Sauermann lautete: bei »reichster Ausstattung einen Wohnraum deutschen Charakters« zu schaffen. Der Möbeltischler und Förderer des Kunstgewerbes nutzte diese Chance, um eine Mustersammlung an Techniken und künstlerischen Ausdrucksmitteln der Kunsttischler und Bildschnitzer vorzuführen. Als Vorbild nahm er sich eine nordfriesische Bauernstube, wie sie heute noch auf den Halligen zu finden ist. Typisch dafür ist die Paneelwand mit fest eingebauten Sitzbänken und Wandschränken. So hieß das Pariser Zimmer ursprünglich auch »Niederdeutsches Zimmer«. Untypisch dagegen ist die Höhe des Raumes, die eher an bürgerliche Repräsentationsräume im Kaiserreich erinnert. Das nationale Bewusstsein und die Heimatverbundenheit zeigen Figuren germanischer Götter und Porträtköpfe mittelalterlicher Herrscher. Sauermann löste Elemente aus ihrer ursprünglichen Umgebung und fügte sie zu etwas Neuem zusammen. Das Pariser Zimmer ist folglich kein Raum zum Wohnen, sondern ein Prunkzimmer zum Betrachten. Und so steht es heute im Hans-Christiansen-Haus, einem Teil des Museumsbergs.

Der Privatmann Sauermann sammelte allerlei »kunstgewerbliche Altertümer«, die er 1876 an die Stadt Flensburg verkaufte. Diese Stücke legten den Grundstock für das Flensburger Kunstgewerbemuseum, den Vorläufer des heutigen Museums, dessen Direktor er anfangs war. Mittelpunkt der Sammlung ist ohne Frage das Pariser Zimmer, das auch die Jury auf der Weltausstellung 1900 überzeugte – sie verlieh Sauermann dafür die Goldmedaille.

Adresse Hans-Christiansen-Haus, Museumsberg 1, 24937 Flensburg-Westliche Höhe, www.museumsberg-flensburg.de | **ÖPNV** Bus 2, Haltestelle Museumsberg, Fußweg durch den Alten Friedhof, oder Bus 3, Haltestelle Katholische Kirche oder Stadttheater, Fußweg durch den Park | **Öffnungszeiten** Di–So 10–17 Uhr | **Tipp** Im Obergeschoss des Hans-Christiansen-Hauses gibt es eine mit 1950er-Jahre-Möbeln eingerichtete Lounge, in der Besucher das Stadtpanorama genießen können. Pausieren erwünscht.

FLENSBURG

58_ Der Parkhof
Eine Wohnanlage mit eigener Zeitung

Wer durch das Eingangstor des Parkhofes tritt, hat das Gefühl, in eine eigene Welt zu kommen. Hier stehen zweigeschossige Backsteinhäuser mit kleinen gepflegten Vorgärten, die Ruhe und Beschaulichkeit ausstrahlen. Nicht mal Kindergeschrei stört die Idylle, denn Kinder gibt es hier kaum, was viele Parkhofbewohner bedauern. Früher wohnten hier mehr Familien. Warum das heute anders ist, wissen sie auch nicht so genau.

Gebaut wurde die Anlage 1925 für Offiziere und Unteroffiziere der Marineschule Mürwik. Erst später durften hier auch Zivilisten einziehen. Die Häuser sind aus typisch norddeutschen Backsteinen erbaut, alle einheitlich im Stil der Heimatschutzarchitektur. Besonders schön: ein Wandbrunnen und ein Backsteinrelief eines Wikingerschiffes in der Swinemünder Straße 8.

Neben Marineangehörigen wohnen im Parkhof heute viele Mitarbeiter des öffentlichen Dienstes. Manche Mieter leben hier schon mehr als 30 Jahre. Die Nachbarn feiern Feste zusammen und unterstützen sich gegenseitig. Meistens jedenfalls. Der älteste Bewohner wurde 102 Jahre alt.

Es gab sogar einmal eine eigene Zeitung: die Parkhof-Nachrichten. Die Anfänge liegen fast 20 Jahren zurück, als hier noch viele Kinder wohnten. Ein paar von ihnen übten am Computer, probierten das Schreiben und Formatieren. Und dafür brauchten sie ein Thema. Also schrieben sie über das, was sie gut kannten: den Parkhof. So erschien 1999 die erste Ausgabe der Parkhof-Zeitung. Erst waren es nur zwei Seiten, später wurden es immer mehr, und die Eltern unterstützten die Nachwuchsreporter. In der Zeitung standen Geburtstagsglückwünsche, selbst verfasste Gedichte und Willkommensgrüße für neue Mieter. Irgendwann wurden die Kinder größer, die Schreibarbeit blieb an den Eltern hängen, und der Enthusiasmus versiegte. Im Dezember 2009 erschien die letzte Ausgabe der Parkhof-Nachrichten. »Schade eigentlich«, sagt eine der Macherinnen.

Adresse Parkhof, 24944 Flensburg-Mürwik | **ÖPNV** Bus 3, 7, 21, Haltestelle Seewarte | **Tipp** Vom Parkhof aus lohnt sich ein Besuch im nahe gelegenen Naturschutzgebiet Twedter Feld, das zum Beispiel von der Bushaltestelle Osterallee/Eibenstraße aus erkundet werden kann.

59 Das Pastorat
Kondome in der Wickelkommode

»Männer mochte ich immer gern leiden. Beruflich und privat«, erzählt Beate Uhse in ihrer Autobiografie. Und ein Mann war es auch, der sie Ende der 1940er Jahre nach Flensburg führte – ausgerechnet in ein Pastorat. Kaum vorstellbar damals: Die Pionierin des Sexshops wohnte direkt neben der Kirche. Nicht lange, aber immerhin. Und das kam so:

1947 lernt Beate Uhse ihren zukünftigen Mann Ernst-Walter Rotermund kennen. Auf Sylt, an einem FKK-Strand. Er hat zwei Kinder, sie eins. Schnell wird daraus eine Patchworkfamilie. Doch wo sollen sie wohnen, so kurz nach dem Krieg? Ewe, wie sie ihn liebevoll nennt, kommt aus einer angesehenen Flensburger Kaufmannsfamilie, und seine Tante Elfriede überlässt der jungen Familie ein Zimmer. Pikanterweise im Pastorat der Sankt-Marien-Kirche. Denn ihr Mann, der Pastor, ist zwei Jahre zuvor gestorben, und sie hat Platz. Und so kommt es, dass Beate Uhse an diesem – wie sie sagt – »halb heiligen« Ort wohnt. Gemeinsam in einem Haus mit dem neuen Pastor, Tante Elfriede und ihrer Katze.

Hier nimmt ihre kleine Erotikfirma immer mehr Gestalt an. Abends, wenn die Kinder im Bett sind, setzt sie sich an den Esstisch und verfasst Werbeschriften für ihre Produkte: Eheberatungsbücher, Kondome und Anregungsmittel für die Liebe. Die Versandware lagert sie in den Schubladen der Wickelkommode, die Päckchen packt sie oben auf der Kommode, bequem in Stehhöhe. Die Kundenpost bekommt sie natürlich nicht über das Pfarramt, dafür mietet sie sich ein Schließfach im Flensburger Hauptpostamt.

Bald wird die Wohnung zu klein, und Beate Uhse zieht mit ihrer Familie um. Doch der Grundstein ist gelegt: 1962 eröffnet sie in der Angelburger Straße 58 in Flensburg das erste »Fachgeschäft für Ehehygiene«, den ersten Sexshop der Welt. Heute wohnt die Pröpstin in dem Pastorat der Sankt-Marien-Kirche – dem ersten Wohnhaus von Beate Uhse in Flensburg.

Adresse Marienkirchhof 4, 24937 Flensburg-Altstadt | **ÖPNV** Bus 1, 4, 7, Haltestelle Fördebrücke, oder Bus 4, Haltestelle Toosbüystraße | **Tipp** Unbedingt einen Besuch wert ist das »Schlafgemach« in der Marienstraße 27. Nicht zwingend, um dort zu übernachten, sondern allein schon wegen der liebevoll gestalteten Fassade.

FLENSBURG

60 Piet Henningsen
Was hängt denn da?

Man schrieb das Jahr 1886. Der Flensburger Schiffszimmermann Reinhold Henningsen hatte die christliche Seefahrt an den Nagel gehängt und im Haus des Bäckers Andresen einen neuen Ankerplatz für sein Leben gefunden: Er gründete eine Gaststätte. Nicht nur fremde Seeleute fühlten sich hier wohl, sondern auch die Flensburger Seemaschinisten, deren Berufszweig sich mit dem Aufblühen der Fördeschifffahrt außerordentlich gut entwickelte. Sie kippten hier gern mal einen Korn oder auch zwei. Dabei gründeten sie den Seemaschinisten-Verein.

Auch Reinhold Henningsens Sohn Peter, den alle nur Piet nannten, war Seemaschinist. Bis 1908, denn da hat er abgemustert und die Gastwirtschaft seines Vaters übernommen. Durch seine guten Kontakte zu den Seeleuten und den Schiffseignern vermittelte er immer wieder Jobs. So wurde seine Wirtschaft zu einer privaten Heuerstelle. Als Dank für seine Freundschaftsdienste brachten ihm die Kollegen exotische Raritäten aus aller Welt mit, und das Gasthaus entwickelte sich zu einem kleinen Museum. Piets ganzer Stolz war sein sprechender Papagei Lora, der immer wieder Gelächter auslöste, wenn er einem Gast beim Verlassen des Lokals hinterherrief: »Hest du ok betolt?«

1973 wurde das Washingtoner Artenschutzübereinkommen unterzeichnet, das den Handel mit geschützten Tierarten unter Strafe stellt, sodass es heute unmöglich wäre, ein Krokodil oder einen Leoparden nach Flensburg einzuführen, um das Tier in eine Gaststätte zu hängen. Die damaligen Wirtsleute nahmen daraufhin Kontakt zum Naturkundemuseum in Stuttgart auf und ließen ihre Exponate katalogisieren, sodass sie nun offiziell registriert sind.

Seit 1991 betreibt Familie Harder das Piet Henningsen. Und noch heute bringen Gäste Kuriositäten mit: eine Schlangenhaut oder eine Kanonenkugel aus Dänemark zum Beispiel, die sie dann beim nächsten Besuch an den Wänden begutachten können.

Adresse Schiffbrücke 20, 24939 Flensburg-Altstadt, www.restaurant-piet-henningsen.de |
ÖPNV Bus 1, 7, Haltestelle Schifffahrtsmuseum, oder Bus 4, Haltestelle Toosbüystraße |
Öffnungszeiten Mo–Fr 17–22.30 Uhr, Sa, So 11.30–22.30 Uhr | **Tipp** Neben der Gaststätte befindet sich Flensburgs größte Flaggensammlung: das Traditionsgeschäft »Fahnen-Fischer«.

FLENSBURG

61 — Die Pilkentafel
Fährmann, hol rüber!

Das Wort Pilkentafel leitet sich von »Pilke«, kleiner Ball, und von »Tafel«, also Tisch, ab. Gemeint ist ein langer Spieltisch, auf dem ähnlich wie beim Billard mit kleinen Bällen nach Kegeln gestoßen wird. In der heutigen Theaterwerkstatt Pilkentafel befand sich ab 1612 eine Gaststätte, in der man diese Billardvariante spielen konnte, die wahrscheinlich von Seefahrern aus Holland mitgebracht wurde.

Das Spiel war auch bei Flensburger Seeleuten sehr beliebt. Sie ließen sich vom Kompagnietor am westlichen Fördeufer zur Pilkentafel am Ostufer übersetzen, die bis 1875 direkt am Strand lag. Zwei Fährleute verdienten sich ihren Lebensunterhalt damit, zwischen Schiffbrücke, Pilkentafel, Ballastbrücke und Kielseng hin- und herzurudern. Ein lukratives Geschäft. Das dachten sich auch ein paar Fischertöchter, die sich ein Taschengeld verdienten, indem sie die Fährkundschaft in den Kähnen ihrer Väter übersetzten. Sie gingen sogar auf Märkte und sprachen Bauern an, um sie zur Pilkentafel zu bringen. Mit Inbetriebnahme der Bahngleise und des Hafendamms 1875 war damit Schluss.

1771 errichtete der damalige Besitzer der Pilkentafel Niels Ellefsen anstelle des alten Gasthofes das heute noch vorhandene Haus »Ellefsburg«. Die Initialen N. E. erinnern noch an Ellefsen, aber der Name setzte sich nie durch.

Ab 1912 befand sich im Hinterhof eine Schlosserwerkstatt, die die Theatermacher Elisabeth Bode und Torsten Schütte 1998 zu einem Spielort umbauten. So entstand der Name Theaterwerkstatt Pilkentafel, obwohl das Haus längst ein international erfolgreiches und mehrfach ausgezeichnetes Theater ist, das mit Bundesmitteln gefördert wird. Einer der größten Erfolge war das Stück »Westliche Höhe«, benannt nach dem Stadtteil, in dem nach 1945 etliche Nazi-Größen untertauchten. Scheu vor zwielichtigen Gestalten hatten die Betreiber der Pilkentafel noch nie.

Adresse Pilkentafel 2, 24937 Flensburg-Jürgensby, www.flensburg-theater.de | **ÖPNV** Bus 5, Haltestelle Hafendamm | **Tipp** Wer die Straße »Pilkentafel« ein Stück den Berg hinaufläuft, dann rechts in den Schiffergang abbiegt und dort den Blick hebt, sieht oben auf dem Hang ein dreieckiges Haus, das wie ein Schiff aussieht, dessen Bug in Richtung Hafen weist.

FLENSBURG

62 Die Polizeidirektion
Einst ein Hotel, das aus Wut gebaut wurde

Die neobarocke Fassade der heutigen Polizeidirektion erinnert noch an das Grandhotel, das das Gebäude einst war. Hier logierten stilvoll »behütete« Damen und Herren im feinen Zwirn und genossen abends an der Bar einen Drink. Vornehmlich Matz-Rum, benannt nach dem Spirituosenhändler Hans-Jürgen Matz, der seinen feinen Rum Anfang der 1880er Jahre an ein Hotel verkaufen wollte. Doch das Hotel, das er sich aussuchte, hatte bereits einen vertraglich festgelegten Rumlieferanten und wollte nicht wechseln. Das soll Hans-Jürgen Matz so wütend gemacht haben, dass er beschloss, sein eigenes Hotel zu bauen, in dem er den Rum servieren konnte. Vorbild für das neue Haus war das Grandhotel Vier Jahreszeiten in Hamburg. 1890 war es dann so weit, und der »kleine Bruder« der Hamburger Nobelherberge, der Flensburger Hof, eröffnete. Ein Haus mit 70 Zimmern, elektrischem Licht, einem Lift und – Matz-Rum. Der Flensburger Hof war damals das erste Haus am Platz.

Doch dann kam der Nationalsozialismus und hinterließ auch hier seine Spuren. Der neue Betreiber des Hotels wurde angeprangert, jüdischer Abstammung zu sein, was sich zwar schnell als Rufmord herausstellte, doch der Boykott wirkte nach und führte die Familie und damit das Hotel in den Ruin. 1933 fiel das Gebäude dem Dritten Reich zu und wurde Polizeipräsidium.

Und das düstere Kapitel der Geschichte dieses Gebäudes geht noch weiter: Im Mai 1945 endete das Dritte Reich mit der Verhaftung von Großadmiral Dönitz in Flensburg, und am 23. Mai wurden die Mitglieder der letzten Reichsregierung Karl Dönitz, Alfred Jodl und Albert Speer auf dem Hinterhof des Polizeipräsidiums medienwirksam der Weltpresse vorgeführt.

Dramatisch inszeniert mit einem Maschinengewehrschützen, der extra für die Aufnahmen auf einem Schuppen postiert wurde. Diese Fotos gingen um die Welt und wurden genau dort geschossen, wo früher der Matz-Rum lagerte.

Adresse Norderhofenden 1, 24937 Flensburg-Altstadt | **ÖPNV** Bus 3, Haltestelle Stadttheater, oder Bus 1, 2, 4, 5, 7, 12, 13, 14, 21, Haltestelle ZOB | **Tipp** Gleich neben dem Eingang des Hotels »Alte Post« steht ein Stromkasten, bemalt mit einem von Blumen eingerahmten Platz im Garten.

FLENSBURG

63 — Der Pranger
Gotteslästerung und Holzklau

Man muss schon ganz genau hinsehen, um ihn zu entdecken, den eisernen Ring an der Südseite des Schrangens. An ihm war früher eine Eisenkette befestigt, an der ein Halseisen hing sowie Hand- und Fußfesseln, sogenannte »Helden«. Hier wurden Verurteilte zur Schau gestellt, dem Spott und der Häme der Bevölkerung ausgesetzt. Der Pranger diente im Mittelalter dazu, Schand- oder Ehrenstrafen zu vollstrecken, die von der niederen Gerichtsbarkeit festgesetzt wurden. An die Kette kamen zum Beispiel Ehebrecher, Gotteslästerer und Diebe. Manchmal wurde ihnen ein Schild um den Hals gehängt, auf dem ihr »Verbrechen« stand. Sie wurden beschimpft und bespuckt, sogar mit Steinen beworfen und mit Stöcken geschlagen. Es existiert ein altes Flensburger Gerichtsurteil, in dem nachzulesen ist, dass ein Mann an den Pranger gestellt wurde, weil er in der Marienhölzung Holz gestohlen hatte.

Die größte Strafe war die öffentliche Schande und der damit verbundene Verlust des gesellschaftlichen Ansehens. Denn niemand wollte etwas mit einem zu tun haben, dessen Leumund ruiniert war, weil man befürchtete, den eigenen Ruf zu verderben. Der Schrangen wurde 1595 als Verbindungsbau zwischen der Marienkirche und dem Nordermarkt gebaut. Im 17. Jahrhundert nutzten Bäcker und Schlachter die Arkaden, um ihre Waren anzubieten. Der Duft von frisch gebackenem Brot und geräuchertem Schinken lockte potenzielle Käufer an, die Bögen schützten die Händler und ihre Waren bei schlechtem Wetter.

Heute befinden sich im Schrangen ein Dritte-Welt-Laden, der Sitz des Kirchengemeindeverbandes Sankt Marien sowie das Büro des »Stadtpastors«, der die großen Innenstadtkirchen vernetzt und den Kontakt zu Partnern aus Kultur, Politik und Wirtschaft herstellt und intensiviert. Und manchmal nutzt er den alten Prangerring, um darunter eine Schiefertafel aufzustellen und aktuelle Themen »anzuprangern«.

Adresse Große Straße 58, 24937 Flensburg-Altstadt | **ÖPNV** Bus 1, 4, 7, Haltestelle Fördebrücke, oder Bus 4, Haltestelle Toosbüystraße | **Tipp** Nur wenige Schritte vom Pranger entfernt befindet sich der Börsenkeller von 1879, ein Restaurant mit historischem Gewölbe. Vorsicht am Eingang: Große Menschen müssen hier den Kopf einziehen.

FLENSBURG

64 Das Rote Schloss am Meer

Mehr als eine Kadettenschule

Die Flensburger nennen die Marineschule Mürwik auch liebevoll das »Rote Schloss am Meer« oder die »Rote Burg an der Förde«, weil das Gebäude aus rotem Backstein direkt an der Flensburger Förde liegt. Den schönsten Blick auf die Schule hat man von der anderen Uferseite oder vom Wasser aus.

Gebaut wurde das »Rote Schloss« nach Plänen des Marinebaurates Adalbert Kelm, der sich an der Backsteingotik der Ostseeländer orientierte. Sein Vorbild: die Marienburg südöstlich von Danzig. Ursprünglich sollte auf dem Areal auch eine Schlosskirche entstehen, doch die Pläne dafür wurden nie realisiert. Verantwortlich für den Bau der Marineschule war Kaiser Wilhelm II., der seine Flotte vergrößern wollte und dafür mehr Seekadetten brauchte, sodass die Ausbildungsstätte in Kiel zu klein wurde. Zudem veränderte sich Kiel. Immer mehr Arbeiter bevölkerten die Werften und die Häuser und waren dem Militär und den schnieken Offizieren nicht immer wohlgesonnen. Da kam der Marine Flensburg als neuer Standort gerade recht. Mürwik war damals noch ein abgeschiedener Ortsteil, in den anfangs nicht einmal eine befestigte Straße führte. Alles musste mit der Fähre angeliefert werden. Am 21. November 1910 war es dann so weit: Kaiser Wilhelm II. weihte in einem feierlichen Festakt die neue Marineschule ein.

Die Schule hat eine wechselvolle Geschichte, ist geprägt von der Kaiserzeit, der Weimarer Republik und dem Dritten Reich. Nach dem Tod Hitlers war die Schule im Mai 1945 kurze Zeit Sitz der geschäftsführenden Reichsregierung unter Admiral Karl Dönitz. Dann kamen 1956 die Gründung der Bundeswehr und im Jahr 1989 die Wiedervereinigung. Ausbildungsinhalte, Strukturen und die politische Lage haben sich verändert. Eines ist jedoch gleich geblieben: Im »Roten Schloss am Meer« werden Marineoffiziere ausgebildet, inzwischen mehr als 28.000 – von 1910 bis heute.

Adresse Kelmstraße 14, 24944 Flensburg-Mürwik | **ÖPNV** Bus 3, 7, Haltestelle Osterallee, oder Bus 21, Haltestelle Sportschule | **Tipp** Leider wurde er schon verkauft. Doch auch von außen ist der alte Wasserturm der Marineschule schön anzusehen, der 2011 zu einem Wohnhaus umgebaut wurde.

65 Das rote Sofa
Silberbesteck und alte Yachtsportzeitschriften

Das rote Sofa ist ein Modell der italienischen Marke »Giorgetti«, die bekannt ist für edles Design. Vielleicht passt es deshalb so gut in die Bibliothek des ersten Yachtsportmuseums in Deutschland. Denn auch hier geht es edel und exklusiv zu. In der Bibliothek stehen Erstausgaben von Segelzeitschriften, Unikate zur Geschichte des Segelsports und die fast komplette Ausgabe des Lloyd's Register, in dem alle wichtigen Yachten gelistet sind, die von 1878 bis 1980 gebaut wurden. Darunter die Meteor-Yachten, mit denen Kaiser Wilhelm II. den führenden Segelsportnationen Großbritannien und USA Paroli bieten wollte, was ihm schließlich mit der Meteor IV gelang. Die historische Sammlung ist mit 8.500 Werken die größte Yachtsportbibliothek weltweit, und Besucher können es sich mit einem Buch auf dem roten Sofa gemütlich machen.

Bis zur Eröffnung des Yachtsportmuseums »Yachting Heritage Centre« im Herbst 2016 stand das rote Sofa im Büro von Oliver Berking, dem Chef der 1874 gegründeten Silbermanufaktur Robbe & Berking. Das Unternehmen engagiert sich seit Jahren für den Segelsport, organisiert Regatten und Veranstaltungen. Oliver Berkings besondere Leidenschaft sind die klassischen Yachten aus Holz, die er in der Werft Robbe & Berking Classics bauen und restaurieren lässt. Mit dem Museum hat sich der Segelfan einen weiteren Traum erfüllt. In wechselnden Ausstellungen zeigt er Exponate, Filme und Fotos aus Privatsammlungen oder Archiven, die der Öffentlichkeit sonst nicht zugänglich sind. So schmückten das Museum schon ein aufwendig gestaltetes Modell der Yacht »Iduna« von Kaiserin Auguste Viktoria und Originalfilmaufnahmen, die John F. Kennedy beim Segeln zeigen.

In der Werfthalle nebenan können Besucher verschiedene klassische Rennyachten im Winterlager ansehen und aktuelle Bauprojekte begutachten. Alle in edlem Design. So wie das rote Sofa in der Bibliothek.

Adresse Yachting Heritage Centre, Am Industriehafen 5, 24937 Flensburg-Fruerlund, www.yachtingheritagecentre.com | **ÖPNV** Bus 5, Haltestelle Am Industriehafen | **Öffnungszeiten** Di–Fr 12–19 Uhr, Sa, So 10–17 Uhr, feiertags geschlossen | **Tipp** Im »Hafenwerk« (Harniskai 4) werden unter anderem Tischlerkurse für Frauen angeboten.

FLENSBURG

66 — Das Ruderhaus
Fundstück in einem Garten

Wie viele Seemeilen das Ruderhaus des Dampfers »Habicht« zurückgelegt hat, ist nicht belegt. Es müssen viele gewesen sein.

Die »Habicht« wird 1897 als Ausflugsdampfer der »Vereinigten Flensburg-Ekensunder und Sonderburger Dampfschiffahrtsgesellschaft«, kurz »Vereinigte«, im Liniendienst zwischen den beiden Fördeufern und der dänischen Südsee eingesetzt. Inspiriert von den Hamburger Alsterfahrten, will der Chef der »Vereinigten«, der Flensburger Kaufmann Friedrich Mommse Bruhn, seinen Gästen eine neue Qualität des Ausflugs bieten und kreiert den Salondampfer. Die Idee: Das Achterdeck wird mit einem großen Salon überbaut, sodass die Passagiere einen guten Blick nach draußen haben und bei Wind geschützt sind. Bald hat der Reeder mehr als 20 Ausflugsschiffe im Einsatz, darunter auch den Salondampfer Alexandra (siehe Ort 68), der heute noch auf der Förde verkehrt. Im Spitzenjahr 1910 gibt es täglich 50 Abfahrten, und aufs Jahr verteilt werden mehr als eine Million Passagiere befördert – die Wiege der Butterfahrten in Flensburg.

Nach Ende der Sommersaison wird die »Habicht« in einen Viehtransporter umgebaut. Die Sitzbänke werden ausgebaut und die Bordwand mit Brettern verkleidet. So können die Rinder zu den Viehmärkten und Schlachthöfen in Kiel, Lübeck oder Hamburg transportiert werden.

Am Ende des Zweiten Weltkriegs wird das Heck des Dampfers von einer Mine zerstört. Da das Schiff bereits viele Seemeilen hinter sich hat, Neubauten in der Nachkriegszeit aber teuer sind, erneuert der Eigner nur das Ruderhaus und »entsorgt« das alte. Über Umwege kommt es nach Sterup in Angeln und dient jahrelang als Gartenlaube. Dort wird es 1999 von Flensburger Dampferfreunden entdeckt und in das Schifffahrtsmuseum gebracht. Hier können sich Besucher heute in das Ruderhaus setzen und vielleicht noch spüren, wie es war, als die »Habicht« über die Förde schipperte.

Adresse Schifffahrtsmuseum Flensburg, Schiffbrücke 39, 24939 Flensburg-Altstadt, www.flensburg.de/schifffahrtsmuseum | **ÖPNV** Bus 1, 7, Haltestelle Schifffahrtsmuseum | **Öffnungszeiten** Di–So 10–17 Uhr | **Tipp** Vor dem Museum liegt die Bakentonne 10 auf dem Trockenen. Sie war von 1944 bis 1980 ein schwimmendes Schifffahrtszeichen, das verschiedene Positionen in der Ostsee vor Holnis markierte.

67 _ Der Rummelgang
Grüne Oase mit Rehbock

Er war da. Der Fotograf hat ihn gesehen. Hinter einem Busch. Doch bevor er die Kamera im Anschlag hatte, war der Rehbock verschwunden. Typisch. Aber der Bock fühle sich hier wohl, fresse schon im zweiten Jahr im Rummelgang, erzählen Anwohner. Woher er kommt, wissen sie nicht so genau. Wahrscheinlich aus der Marienhölzung.

Der Name Rummelgang bedeutet volkstümlich »unordentlicher Weg«. Manche leiten die Bezeichnung auch von »rummelnden« Schülern ab, die auf der Spielwiese rumlungern und die Schule schwänzen. Und immer öfter lungert in den Hinterhöfen und Gärten der Flensburger Nordstadt ein Rehbock rum.

Der Rummelgang bezeichnet sowohl einen Fußweg als auch einen etwa vier Hektar großen Grünstreifen zwischen dem Fußweg und der westlichen Bebauung der Norderstraße oberhalb der historischen Altstadt. Früher gab es hier überwiegend private Gärten, die sich den Fördehang bis zum Schlosswall hinaufzogen. Im Zuge einer ökologischen Stadtsanierung in den Jahren 1986 bis 1990 wurde das Areal in einen privaten und einen öffentlichen Teil gegliedert. Der tiefer gelegene Teil ist der private Bereich mit Gärten, die zu sanierten Mietshäusern gehören. Im öffentlichen Bereich gibt es einen Spielplatz aus Massivholzelementen, eine Liegewiese, eine Holzhütte mit Grasdach, ein Veranstaltungspodest und verschiedene Naturbiotope mit einem Heckenlabyrinth. Bei der Neugestaltung legten die Stadtplaner großen Wert darauf, dass eine große Obstwiese erhalten blieb, sodass dort heute Apfel-, Birnen-, Zwetschgen- und Mirabellenbäume wachsen und reichlich Früchte tragen. So reichlich, dass sie sogar bei www.mundraub.org gelistet sind, einer Internetplattform, auf der Fundstellen für Obst- und Fruchtgewächse verzeichnet sind, die auf öffentlichem Grund stehen, sodass dort jeder naschen kann. Auch ein Rehbock. Kein Wunder, dass der sich hier wie im Paradies fühlt.

Adresse Rummelgang, 24937 Flensburg-Altstadt | **ÖPNV** Bus 4, Haltestelle Rummelgang oder Finanzamt | **Tipp** Die 101 Stufen der Marientreppe verbinden die Norderstraße mit dem Rummelgang.

FLENSBURG

68 Der Salondampfer
»Ohaueha, was'n Aggewars!«

Sie sprechen mit scharfer Zunge, reden von aussem Licht, zuen Rollos und appen Knöpfen und sind dabei äußerst charmant: die Petuh-Tanten. Statt Tennis oder Golf zu spielen, fuhren diese meist älteren Damen Anfang des 20. Jahrhunderts zum Zeitvertreib auf Schiffen wie dem Salondampfer Alexandra. Sie kauften sich jährlich eine Dauerkarte, genannt Partout-Karte. »Partout« ist französisch und bedeutet übersetzt »überall«. Und daraus wurde mit der Zeit norddeutsch »Petuh-Karte«. So schipperten die Petuh-Tanten regelmäßig auf der Alexandra von Flensburg über Angeln bis nach Sonderburg, das heute dänisch ist, damals aber noch deutsch war. Namensgeberin der »Alex« ist Prinzessin Alexandra zu Schleswig-Holstein aus dem Hause Glücksburg, die das Schiff am 2. April 1908 majestätisch taufte.

Der Salondampfer war auch schon Fernsehstar, spielte 1975 in der NDR-Produktion »Der Stechlin« ein – Dampfschiff. Der Film entstand nach dem gleichnamigen Roman von Theodor Fontane. Der soll einst ironisch gesagt haben: »In dem Roman geschieht nicht viel. Zum Schluss stirbt ein Alter, und zwei Junge heiraten.« Und in der Mitte fährt die Alexandra.

2016 wurde das Herzstück des Dampfschiffes, der Original-Kessel von 1908, gegen einen neuen ausgetauscht und das Schiff komplett saniert. Insgesamt investierte der Förderverein 780.000 Euro in Deutschlands letztes seetüchtiges Passagierschiff. Das Geld stammt aus Spenden und Fördermitteln für den Denkmalschutz – vom Bund und dem Land Schleswig-Holstein. Die Komplettsanierung soll das Kulturdenkmal fit machen für die nächsten 100 Jahre und weitere Fahrten mit den Petuh-Tanten ermöglichen. Denn die sind bei besonderen Anlässen auch heute noch mit an Bord. Das sind dann Schauspielerinnen, die sich stilecht verkleiden und denen auch schon mal der Ausruf rausrutscht: »Ohaueha, was'n Aggewars!« – »Oje, was für ein Aufwand!«

Adresse Schiffbrücke 37, 24939 Flensburg-Altstadt, www.dampfer-alexandra.de | **ÖPNV** Bus 1, 7, Haltestelle Schifffahrtsmuseum | **Öffnungszeiten** regelmäßige Fahrten mit dem Salondampfer Mai–Okt. | **Tipp** Schräg gegenüber auf der anderen Hafenseite lockt im Sommer der »Flensburger Beach« mit Ostseesand, Strandkörben und Cocktails.

69 Die Sankt-Jürgen-Kirche
Einst eine Siedlung mit Leprakranken

Hoch oben auf dem Berg thront weithin sichtbar die Sankt-Jürgen-Kirche. Kein Wunder, dass sie oft als »wichtigste Landmarke auf dem Ostufer« bezeichnet wird. Erbaut wurde sie 1907 auf dem Boden einer mittelalterlichen Siedlung, an deren Stelle früher ein Hospital für Lepra- und Pestkranke stand. Gepflegt wurden die Aussätzigen von Mönchen des Klosters zum Heiligen Geist. Schon damals hieß die Siedlung Sankt Jürgen, benannt nach dem heiligen Georg, dessen norddeutscher Name »Jürgen« lautet. Auch eine Kapelle soll es im Mittelalter schon gegeben haben. Beim Bau der Sankt-Jürgen-Kirche war beides längst verschwunden. Stattdessen stand dort ein alter Bauernhof des 1900 nach Flensburg eingemeindeten Dorfes Jürgensgaard.

Die Gemeinde Sankt Jürgen wurde bereits 1895 gegründet, und da sie anfangs noch keine eigene Kirche hatte, gingen die Mitglieder zum Gottesdienst in die Heilig-Geist-Kirche. Schnell wurde der Ruf nach einer eigenen Kirche laut, die dann nach Entwürfen des Oberbaurates Oskar Hoßfeld gebaut wurde. Zur Einweihung am 26. Mai 1907 kündigte sich Kaiserin Auguste Viktoria an, die eine große Förderin der Kirche war. Doch die Legende geht, dass der anstehende kaiserliche Besuch den Druck auf die Zimmerleute erheblich erhöht haben soll, schneller zu arbeiten. So schnell, dass einer dieser Zimmerleute damals orakelte, dass sich dieser Druck eines Tages rächen werde. Ob die Geschichte stimmt und ob er damit die Risse in Gewölbe und Außenmauern meinte, die 2012 zu einer aufwendigen Gewölbesanierung führten, ist heute nicht mehr nachprüfbar. Wahrscheinlicher ist, dass die Kirche aufgrund ihrer exponierten Lage am Hang zu sehr dem Wind ausgesetzt war und die Stelle beim Bau äußerst ungünstig gewählt wurde.

Die Kaiserin kam dann übrigens doch nicht zur Eröffnung des Gotteshauses, aber im Innern der Kirche hängt ein Votivschiff, das ihr zu Ehren den Namen Auguste Viktoria trägt.

Adresse Jürgensgaarder Straße 1, 24943 Flensburg-Jürgensby | **ÖPNV** Bus 5, Haltestelle Hafendamm, oder Bus 3, 7, Haltestelle Parsevalstraße | **Tipp** Der Schriftzug »Altona« am Haus Sankt-Jürgen-Straße 66 erinnert an den Namen der ehemaligen Gaststätte, die einst in dem 1866 erbauten Haus untergebracht war.

70 Die Sankt-Jürgen-Treppe
Einer der schönsten Aussichtspunkte

So eine eiszeitlich geprägte Stadt mit vielen Hügeln wie Flensburg ist geradezu prädestiniert für Treppen. Und die finden sich überall in der Stadt: kleine, große, lange, kurze, schmale, breite, alte und neue. Durch die Aufgänge eröffnen sich viele schöne Ausblicke auf die Stadt und die Förde. An anderen Stellen entstehen spannende Einblicke in versteckte Hinterhöfe. Zu den schönsten Treppen gehört die Sankt-Jürgen-Treppe. Sie wurde um die Wende zum 20. Jahrhundert als »Treppenstraße nach Jürgensgaard« gebaut und verbindet die Sankt-Jürgen-Straße im Tal mit dem Erlenweg in dem damals neu gegründeten Stadtteil Jürgensby.

Wer sich von der Sankt-Jürgen-Straße auf den Weg nach oben begibt, kann auf den verschiedenen Terrassen Rast in extra eingerichteten Ruheoasen machen. Nachdem sie in den 1970er Jahren beim Bau der Fernheizung im schmucklosen Stil der Zeit umgebaut wurde, verwilderten die einst als Gärten genutzten Hangflächen rechts und links der Treppe. Anfang der 1990er Jahre besann sich die Stadt auf dieses idyllische Kleinod und beauftragte Landschaftsarchitekten, das Areal unter ökologischen Gesichtspunkten umzugestalten und gleichzeitig Erholungsräume für die Bürger zu schaffen. Es entstanden Spielplätze, Ruhezonen mit Sitzgelegenheiten, Aussichtsplattformen und Biotope. Ein Tümpel wurde nicht mit Folie, sondern mit Lehm abgedichtet, damit das Regenwasser verdunsten oder versickern konnte, anstatt einfach nur im Abwasserkanal zu verschwinden. Im Frühjahr blühen hier Obstbäume und ziehen Bienen und Hummeln an. Das Fallobst lockt Igel und kleine Nagetiere an.

Ganz oben angekommen, endet die Treppe mit dem alten geschmiedeten Handlauf auf einer Aussichtsplattform, von der der Besucher einen weiten Blick über die Förde bis hin zum Museumsberg hat. Nach wie vor ist die Sankt-Jürgen-Treppe eine wichtige Fußverbindung von der Innenstadt in den gleichnamigen Stadtteil.

Adresse Die Treppe verbindet die Sankt-Jürgen-Straße und den Erlenweg in 24937 Flensburg-Jürgensby. | **ÖPNV** Bus 3, 7, 11, Haltestelle Sankt-Jürgen-Platz, oder Bus 1, 2, 4, 5, 12, 13, 14, 21, Haltestelle ZOB | **Tipp** Die Sankt-Jürgen-Treppe hat eine kleine Schwester, die Kleine Sankt-Jürgen-Treppe, die etwa 100 Meter nördlich verläuft.

FLENSBURG

71 Der schmalste Rumladen
Flotter Dreier

Er ist keine zwei Meter breit, noch nicht mal fünf Meter lang und wurde in einer ehemaligen Hofdurchfahrt errichtet – der schmalste Rumladen in Flensburg.

Ein Ladengeschäft in einer Hofdurchfahrt, links und rechts von Häusern begrenzt, dazwischen nur 1,95 Meter Platz – das ist ungewöhnlich, ja fast undenkbar. Doch nicht für den findigen Händler August Asmussen, der 1921 folgenden Bauantrag schreibt: »Unterzeichneter bittet die hiesige löbliche Bau-Polizeiverwaltung ganz ergebenst, ihm die Genehmigung für den Bau eines kleinen Ladens in der nördlich zur Zeit unbenutzten Durchfahrt seines Hauses Grossestraße 24 […] gütigst erteilen zu wollen.« Und da auch schon damals – wenn auch längst nicht so streng – auf den Brandschutz geachtet wird, ergänzt er: »und besonders die Anordnung einer 23-cm-Wand als Brandmauer ausnahmsweise genehmigen zu wollen.« Er weiß um sein heikles Ansinnen und fährt fort: »Ich bemerke noch, dass eine Brandmauer von 23 cm den Laden nicht mehr brauchbar erscheinen lässt und das Bauvorhaben in Frage stellt, womit die schwere Beschaffung eines Ladens und damit eine Existenzgründung in Fortfall käme.« Sein ungewöhnliches Anliegen hat Erfolg, und er eröffnet kurze Zeit später einen Laden für – Cigarren, mit »C«.

1999 brennt der gelernte Destillateur Walter Braasch, der sich bis dahin eher Qualitätsweinen gewidmet hat, den ersten eigenen Rum und sucht dafür einen besonderen Laden. Die ehemalige Verkaufsstelle für Zigarren hat er schon länger im Blick, doch erst 2003 ergibt sich die Gelegenheit, und die Große Straße 24 wird zur feinen Adresse für Flensburger Rum. Neben exklusiven Rumsorten aus Haiti, Barbados und Trinidad gibt es dort auch einen »Flotten Dreier«, eine Kombination aus dem »Klassiker«, dem »Milden« und dem »54%«-igen Rum. Zwischen den Rumflaschen hängen gerahmt der Bauantrag und der Grundriss für den »Cigarrenladen« von 1921.

Adresse Große Straße 24, 24937 Flensburg-Altstadt, Tel. 0461/5053060 | **ÖPNV** Bus 3, Haltestelle Katholische Kirche | **Öffnungszeiten** Mo–Fr 10–18.30 Uhr, Sa 10–16 Uhr | **Tipp** Ein ganz besonderer Flensburger Punkt ist der »Mittelpunkt« der Stadt, ein Kunstwerk des Bildhauers Dietmar Görres, eingelassen in das Pflaster vor der Großen Straße 1.

FLENSBURG

72 Die Seebrücke
Damen nur montags und donnerstags

»Achtung! Lebensgefahr«, steht auf dem Schild des Steghäuschens an der Brücke. Was heute strengstens verboten ist, war früher sogar gefordert: das Springen in die Ostsee. Denn hier lernten Generationen von Kindern unter den strengen Augen der Schwimmlehrer Brustschwimmen und Kraulen. Wer hier Mitte des 20. Jahrhunderts seinen Freischwimmer machen wollte, musste erst 15 Minuten schwimmen, dabei die glibberigen Ohrenquallen ignorieren und dann von einem ein Meter hohen Pfahl springen. So manch älterer Flensburger erinnert sich heute noch, wie Mutti stolz das Abzeichen an die Badehose nähte.

Schon damals mussten die Kinder weit raus auf die Brücke, um überhaupt einen Sprung wagen zu können, weil das Wasser nicht besonders tief war. Heute liegt die Wassertiefe auf der einen Seite bei 1,50 Metern und auf der anderen Seite am Schiffsanleger bei knapp drei Metern, sodass die Unfallgefahr zu groß ist. Deshalb heißt es inzwischen: Springen strengstens verboten!

Die Badeanstalt gibt es seit 1873. Anfangs mit einer Badeordnung, die sich am Stadtrecht von 1284 orientierte. Danach durften Frauen nur an zwei Tagen in der Woche baden: montags und donnerstags. Wurde aber ein Mann an diesen Tagen im Schwimmbad ertappt, nahmen die Frauen seine Kleider weg, und er musste sehen, wie er nach Hause kam. Auch wenn diese Bestimmung 1910 gekippt wurde, gab es auch danach noch eine Regelung zum getrennten Schwimmen von Männern und Frauen. Die Brücke war – zumindest offiziell – die Grenze zwischen dem Damenbad und dem Herrenbad. Doch übermütig und mit dem Nervenkitzel des Verbotenen im Nacken tauchten gerade junge Schwimmer unter der Brücke hindurch und schwammen verschämt mit dem anderen Geschlecht.

Früher gab es auf der Brücke mehrere abschließbare Umkleidekabinen, heute ist das einsame Steghäuschen das einzige, das noch übrig geblieben ist.

Adresse Am Ostseebad 29, 24939 Flensburg-Neustadt | **ÖPNV** Bus 1, 2, 7, Haltestelle Am Lachsbach | **Tipp** Mit ein bisschen Glück kann man von hier aus einen Stapellauf auf der Werft der Flensburger Schiffbau-Gesellschaft beobachten.

FLENSBURG

73 — Solitüde

Gemeinsam in der »Einsamkeit«

Die Oma planscht mit ihrem Enkel, Jugendliche chillen bei Musik, und Tagesgäste genießen ein Sonnenbad – am Strand von Solitüde treffen sich Menschen jeden Alters und jeder Nationalität. »Solitüde« kommt aus dem Französischen und bedeutet »Einsamkeit«. Um die hier heute noch zu finden, muss der Spaziergänger allerdings an einem grauen, windigen Herbsttag ans Wasser kommen, was übrigens auch seinen Reiz hat.

Der Name Solitüde geht auf die Mitte des 19. Jahrhunderts zurück, als an der Landstelle Twedterholz, die auch Meyerwik genannt wurde, eine einzelne Kate stand und es nicht nur am Strand einsam war, sondern die Gegend insgesamt dünn besiedelt war. Diesen Ort wählte der Oberstleutnant von Brockdorf zu seinem Ruhesitz und errichtete 1841 einen Landsitz. Er nannte ihn dann 1844 mit königlicher Erlaubnis »Solitüde«, den französischen Begriff wählend, wie es im 18. Jahrhundert bei Fürsten und Adligen gang und gäbe war. Man denke nur an Friedrich den Großen und das Schloss »Sanssouci« oder an das Schloss »Solitude« von Herzog Karl von Württemberg bei Ludwigsburg, auch wenn das Flensburger »Solitüde« selbstverständlich ein paar Nummern kleiner ausfiel. 1852 kaufte dann ein gewisser Anton Franz Tuquet den Hof. Von ihm geht die Sage, dass er als Franzose Solitüde erbaut und den Namen gewählt hat. Es ist aber eben nur eine Sage und noch nicht einmal bekannt, ob Tuquet wirklich Franzose war oder nur einen französischen Namen trug.

Gewöhnlich werden heute unter Solitüde der Strand, ein kleiner Wald und ein paar Steilhänge verstanden. Solitüde bezeichnet aber auch einen Stadtbezirk innerhalb des Stadtteils Mürwik, zu dem unter anderem das Twedter Holz, die Cäcilienschlucht und Waldeshöh gehören. Der einstige Landsitz von Oberstleutnant von Brockdorf gehört inzwischen der Stadt Flensburg und wird in exponierter Lage direkt am Strand als Gaststätte verpachtet.

Adresse Solitüde / Ewoldtweg, 24944 Flensburg-Mürwik | **ÖPNV** Bus 3, Haltestelle Solitüde | **Tipp** An Solitüde vorbei führt der Ewoldtweg, der ein Teil des gleichnamigen Wanderweges nach Holnis ist und an den »Förderer des Wanderwesens in Schleswig-Holstein«, Walter Ewoldt, erinnert.

74 Der Sol-Lie-Park
Ein Eisenbahndirektor als Landschaftsplaner

Beeindruckend sind vor allem die über 30 Meter hohen Buchen und Eschen, die den Sol-Lie-Park säumen. Dazu kommen seltene Pflanzen wie die Wild-Tulpe, die Gemeine Pestwurz oder der Gefingerte Lerchensporn. Angelegt hat diesen Landschaftsgarten der unglaublich vielseitige dänische Eisenbahndirektor Doktor Christian Marinus Poulsen. Er war unter anderem Lehrer für Geografie, Mitglied im dänischen Parlament, absolvierte eine Apothekerlehre und studierte in verschiedenen Ländern Botanik.

In den Jahren um 1854 war er Eisenbahndirektor der Südschleswigschen Eisenbahn und verantwortlich für die Strecke Flensburg–Husum–Tönning. In dieser Zeit kaufte er den Park und ließ sich darauf ein Wohnhaus errichten, die Villa Sollie. Sol-Lie kommt aus dem Dänischen und bedeutet so viel wie »Sonnenhang«. Architekt der Privatvilla war der Däne Michael Gottlieb Birkner Bindesbøll, der seinen ganz eigenen Stil hatte, den klassischen Landhausstil, der die ländlichen Formen als Vorbild nahm. So errichtete er auch die Villa Sollie als Landhaus mit weiß getünchten Mauern, strohgedecktem Dach und holzverkleideten Giebeln. Das Haus bekam sogar eine eigene Toilette – ein Novum für Flensburg in dieser Zeit.

Poulsen verwaltete derweil nicht nur die Eisenbahn, sondern gestaltete auch den Garten neu. Er unterhielt eine kleine Pflanzschule auf dem Gelände und zog neben Bäumen auch seltene Blumen. Der Park umfasst eine Fläche von einem Hektar und gehört damit zu den größten – ursprünglich privaten – historischen Parkanlagen Flensburgs.

Die Villa wurde bei einem der wenigen Angriffe im Zweiten Weltkrieg zerstört und danach in einfacherer Form wieder aufgebaut. So hat sie inzwischen ein Hartdach statt wie damals eines aus Reet. Heute beherbergt die Villa einen integrativen Kindergarten, und die Lütten können jeden Tag raus zum Spielen in den historischen Garten von Christian Marinus Poulsen.

Adresse Meisenstraße 15, 24939 Flensburg-Nordstadt | **ÖPNV** Bus 1, 7, Haltestelle Bauer Landstraße | **Tipp** Viel Grün finden Besucher auch in der Kleingartenkolonie am Drosselweg.

FLENSBURG

75 Die Sophienquelle
Eine Badeanstalt zur Hautpflege

Ganz am Ende einer Sandstraße, nur wenige Meter vom Ostseestrand entfernt, versteckt sich die Sophienquelle. Bei ihr handelt es sich um eine mehr als 100 Jahre alte künstliche Quelle, die nach der Gattin des Initiators des Ostseebades Doktor Peter Henningsen benannt ist.

Peter Henningsen war, so ist in seinem Nachruf von 1897 zu lesen, »einer der gesuchtesten und beliebtesten Ärzte unserer Stadt, der manches körperliche Leid gestillt, aber auch manche Not gelindert hat«. Und weiter: »Von jeher hat der Verstorbene allen gemeinnützigen Bestrebungen in unserer Stadt das wärmste Interesse entgegengebracht, namentlich war er auf dem Gebiete der öffentlichen Gesundheitspflege unermüdlich thätig.«

So gründete Peter Henningsen 1872 die Ostseebadgesellschaft AG, die ein großes Grundstück des Klueser Waldes am Fördeufer kaufte, um dort die »Hautpflege der Einwohner durch Herstellung von Freibädern« zu verbessern, wie er selbst einmal schrieb. Hier war das Wasser sauberer und salzhaltiger als zum Beispiel im Glücksburger Quellental, und Peter Henningsen träumte davon, das Ostseebad als Konkurrenz zum Kurbetrieb in Glücksburg aufzubauen und Flensburg zu einem modernen Badeort zu machen. 1873 eröffnete er die Badeanstalt mit 40 Badezellen für Schwimmer, Nichtschwimmer und Damen. Das Herrenbad ruhte anfangs »auf Pfählen und wurde jedes Jahr abgebrochen und wieder aufgebaut«. Später baute man eine Badebrücke und zwei Badeanstalten, die linke für die Herren und die rechte für die Damen. Ein Bad kostete damals 15 Pfennig, und das Ostseebad entwickelte sich bald zum Volksbad. Seiner Frau zu Ehren nannte Peter Henningsen 1884 das sprudelnde Nass am Ostseebad »Sophienquelle«. Und so erinnert die Quelle nicht nur an Sophie Cicilie Claudine Henningsen, sondern auch an ihren Mann Peter Henningsen und seine großen Verdienste im Gesundheitswesen für die Stadt.

Adresse Am Ostseebad, zwischen Spielplatz und Parkplatz, 24939 Flensburg-Nordstadt | **ÖPNV** Bus 1, 2, 7, Haltestelle Am Lachsbach | **Tipp** Etwas weiter nördlich der Quelle, in der Nähe des Ufers, steht ein Gedenkstein für den Initiator des Ostseebades Peter Henningsen. Auch er lohnt einen kurzen Besuch.

76 Die Spiegelgrotte
Spieglein, Spieglein an der Wand

Manch ein Besucher mag etwas ratlos vor den Spiegeln in der Grotte stehen und sich fragen, was er da sieht. Die vermeintlich einfachste Antwort lautet: sich selbst. In dem unterirdischen Kabinett in Form eines Oktogons spiegelt sich der Betrachter bis ins Unendliche. Er sieht sich aus verschiedenen Perspektiven, kommt vielleicht ins Grübeln, denkt über sich nach und lässt Grenzen von Zeit und Raum verschwimmen. Schon Leonardo da Vinci entwarf ein oktogonales Spiegelkabinett und schrieb dazu: »Wenn du acht ebene Flächen machst und so im Kreis anordnest, dass sie ein Achteck bilden, dann kann der Mann darinnen sich von allen Seiten unendlich oft sehen.«

Die geheimnisvolle Spiegelgrotte ist um 1820 entstanden und liegt 2,50 Meter unter der Erde im Christiansenpark, einem mehr als 200 Jahre alten Landschaftspark. Das Oktogon geht auf Andreas Christiansen junior zurück, der vermutlich Mitglied bei den Freimaurern war und selbst in der Grotte meditiert haben soll. In der Ideologie der Freimaurer geht die Bedeutung der Spiegel über die rein sinnliche Wahrnehmung hinaus in den transzendenten Bereich der Selbsterkenntnis und wird zum Mittel der Persönlichkeitsfindung. Die achteckige Form der Grotte symbolisiert Auferstehung, Vollkommenheit, Neubeginn und spirituelle Wiedergeburt und ist ein typisches Merkmal für die Bauweise der Freimaurer. Sie findet sich in vielen Templerkirchen und Türmen von Logenhäusern.

Da es nur wenige Aufzeichnungen aus der Zeit des Baus gibt, ranken sich umso mehr Geheimnisse und Mythen um die Spiegelgrotte. So sollen in der Mitte des unterirdischen Kabinetts geheimnisvolle Kraftlinien zusammenlaufen und den geomantischen Mittelpunkt Flensburgs bilden. Ein Standort, an dem die menschliche Seele und die Kraft des Ortes mit Hilfe der Architektur im Einklang sind. Erleuchtung kommt in diesem Kuppelbau von oben – in Form von Tageslicht.

Adresse Museumsberg 1, 24937 Flensburg-Westliche Höhe, www.museumsberg-flensburg.de |
ÖPNV Bus 3, Haltestelle Katholische Kirche oder Stadttheater, Fußweg durch den Park, oder Bus 2, Haltestelle Museumsberg, Fußweg durch den Alten Friedhof | **Öffnungszeiten** Di–So 10–17 Uhr | **Tipp** Den Schlüssel für die Spiegelgrotte gibt es gegen Pfand an der Kasse des Hans-Christiansen-Hauses.

77 Der Stolperstein
Ein Stein, der deinen Namen trägt

»Ein Mensch ist vergessen, wenn sein Name vergessen ist«, sagt der Künstler und Bildhauer Gunter Demnig und hat deswegen in Flensburg etwa 20 sogenannte Stolpersteine verlegt, die an das Schicksal von im Dritten Reich ermordeten Menschen erinnern. »Hier wohnte Johanne Marie Ebsen, geborene Albertz, […] ermordet 30.9.1944«, steht auf der zehn mal zehn Zentimeter großen Messingplatte vor der Rathausstraße 2. Die Flensburgerin war verheiratet, hatte drei Kinder und wurde Opfer der Euthanasie-Verbrechen der Nationalsozialisten.

Alles begann damit, dass sie 1928 mit der Diagnose »Eifersuchtsneurose« in die Kieler Nervenklinik eingewiesen wurde. Von dort kam sie in die berüchtigte Heil- und Pflegeanstalt Meseritz-Obrawalde, in der psychisch Kranke zu Tausenden systematisch mit der Giftspritze ermordet wurden. 1944 bekam ihre Familie amtliche Post, in der geschrieben stand, dass sie an »Herzschwäche« verstorben sei. Außerdem verlangte der Anstaltsdirektor 188 Reichsmark für »Sarg, Beerdigung und Grabpflege«. Natürlich gab es weder Sarg noch Beerdigung.

»Auf dem Stolperstein bekommt jedes Opfer seinen Namen wieder, seine Identität und sein Schicksal sind, soweit bekannt, ablesbar«, erklärte der Künstler in einem Interview 2002. Und weiter: »Durch die persönliche Erinnerung an den Menschen, vor dem Haus, in dem er bis zur Deportation gewohnt hat, wird die Erinnerung ganz konkret in unseren Alltag geholt.«

Den ersten Stein ließ Gunter Demnig 1992 vor dem historischen Rathaus in Köln in das Pflaster ein und erinnerte damit an die Deportation der »Zigeuner« durch das NS-Regime 50 Jahre zuvor. Für die Nationalsozialisten war die Kölner Deportation eine »Generalprobe« für die Judenvertreibung. Inzwischen hat der Künstler mehr als 60.000 Stolpersteine geschaffen, die in ganz Europa liegen. Der Stein von Johanne Ebsen ist damit Teil des größten dezentralen Mahnmals der Welt.

Adresse Rathausstraße 2, 24937 Flensburg-Altstadt | **ÖPNV** Bus 3, Haltestelle Stadttheater, oder Bus 1, 2, 4, 5, 7, 11, 12, 13, 14, 21, Haltestelle ZOB | **Tipp** Wer den Blick vom Boden in die Höhe hebt, kann in westlicher Richtung den Museumsberg erkennen, der dort hoch oben über der Stadt thront.

FLENSBURG

78 Das Straßenbahndenkmal
Drum herum statt mittendurch

Ein Triebsatz auf einem kurzen Gleisstück – das war's. Viel mehr ist von der alten Straßenbahn nicht übrig geblieben. Dabei war die »Elektrische« Anfang des 20. Jahrhunderts eine kleine Verkehrsrevolution, ein System, mit dem sich die Flensburger schnell und preiswert innerhalb der Stadt fortbewegen konnten.

Der Vorläufer der »Elektrischen« war die 1881 eingerichtete vollspurige Pferdestraßenbahn, die unter der Führung des Kleinbahn-Pioniers Emil Kuhrt in der stetig wachsenden Stadt schon nach wenigen Jahren rentabel betrieben wurde. Die Pferdebahn verkehrte nach Fahrplan, war weitaus preiswerter als Fuhrwerke und konnte aufgrund des geringeren Rollwiderstandes auf den Schienen deutlich mehr Passagiere transportieren als eine herkömmliche Kutsche. Auf einer Länge von 2,3 Kilometern zogen die Pferdebahnen von der Neustadt bis zur Rathausstraße. Nachdem Flensburg 1894 ein eigenes Elektrizitätswerk bekam, begannen die Planungen, die Pferdebahn auf Strom umzustellen. Die vorhandenen Linien sollten übernommen und verlängert werden. Eine Linie führte direkt durchs Nordertor. Da die Durchfahrtshöhe für die Oberleitungen der Straßenbahn aber nicht ausreichend war, gab es Überlegungen, das Tor abzureißen. Doch dazu kam es nicht. Und als die Straßenbahn 1907 in Betrieb genommen wurde, fuhr sie um das Nordertor herum.

1927 gab es vier Straßenbahnlinien, und das Netz war 18 Kilometer lang. Jährlich stiegen bis zu 180.000 Fahrgäste in die »Elektrische«. Doch die Zeit arbeitete gegen die Tram. Nach dem Zweiten Weltkrieg nutzten immer weniger Menschen die Straßenbahn, und es fehlte Geld für notwendige Modernisierungsarbeiten. 1931 wurde der erste zentrale Autobus-Bahnhof Deutschlands eröffnet, und Busse übernahmen Routen der Straßenbahn. Am 3. Juni 1973 wurde die letzte verbleibende Straßenbahnlinie unter großer Anteilnahme der Bevölkerung eingestellt.

Adresse Carlisle-Park am Bahnhof, 24937 Flensburg-Südstadt | **ÖPNV** Bus 1, 2, 5, Haltestelle Bahnhof, oder Bus 12, 14, Haltestelle Bahnhof Serpentine | **Tipp** Im etwa einen Hektar großen Carlisle-Park kann man wunderbar spazieren gehen.

FLENSBURG

79 — Das Sudhaus
Das Geheimnis des »Plopp«

»Plopp«, so klingt eine gut gekühlte Flasche Flens, wenn sie geöffnet wird. Und das schon seit 1888, dem Gründungsjahr der Flensburger Brauerei. Das Geheimnis dahinter liegt unter anderem im Bügelverschluss. Der wurde 1877 von dem Berliner Fabrikanten Nicolai Fritzner erfunden und im selben Jahr patentiert. Doch bevor die Flasche mit einem »Plopp« geöffnet werden kann, muss sie erst gefüllt werden. Und das ist ein aufwendiger Prozess. Die ersten Arbeitsschritte dafür geschehen im Sudhaus.

Dort riecht es würzig nach geschrotetem Malz, das in den Maischbottichen mit Wasser vermischt wird. Das Wasser entspringt der Flensburger Gletscherquelle, die 270 Meter unter der Flensburger Brauerei liegt und mit einem artesischen Brunnen aus den tiefen Erdschichten nach oben gefördert wird. Dann wird die Maische auf 50 Grad erhitzt, sodass die Stärke in Zucker umgewandelt wird. Anschließend wird das Gemisch in den Läuterbottich gepumpt, in dem die Kornhüllen der Malzkörner herausgefiltert werden und die flüssige Bierwürze entsteht. Allein dieser Prozess dauert – je nach Biersorte – mehrere Tage. Dann müssen noch Hopfen und Hefe hinzugefügt werden, damit alles zu Bier vergärt. Bis das fertige Getränk in der Flasche ist, vergehen etwa vier Wochen. Und dann kann ans Öffnen gedacht werden.

Verantwortlich für das charakteristische Geräusch ist Doktor Wunderlich. Ja, der Mann heißt tatsächlich so, und er ist Qualitätsbeauftragter der Flensburger Brauerei. Er sorgt dafür, dass der Geschmack des Bieres immer gleich bleibt, die Qualität dem deutschen Reinheitsgebot entspricht und das »Plopp« geräuschvoll ploppt. Doktor Wunderlich tüftelte an dem Bügelverschluss aus Porzellan und Gummidichtung, dem Druck, mit dem der Verschluss auf die Flasche gesetzt wird, und der Menge Luft, die beim Öffnen entweicht. Alles, damit das »Plopp« kraftvoll erklingt und nicht leise zischend aus der Flasche entweicht.

Adresse Flensburger Brauerei, Munketoft 12, 24937 Flensburg-Südstadt, www.flens.de | **ÖPNV** Bus 12, 14, Haltestelle Martinsberg | **Öffnungszeiten** Führungen Mo–Fr um 10, 14 und 18 Uhr, Mai–Sept. auch Sa um 10 Uhr, Anmeldung unter Tel. 0461/863122 | **Tipp** Wer vom Bier noch nicht genug hat, kann noch auf einen Absacker im »Kaffeehaus« vorbeischauen, der Kultkneipe mit Livemusik in der Angelburger Straße 20.

80 Die Tattoo-Kajüte

Piek mol wedder in

Zeichnen war schon immer ihr Ding. Mit Kohle oder Aquarell. Die Bewerbungsmappe für die Kunsthochschule war fast fertig, da bekam Elli eine Tatöwiermaschine geschenkt. Von ihrem Freund. Einfach so. Dafür stach sie ihm das erste Tattoo: einen Totenkopf. Und seitdem hängt sie an der Nadel, hat den Bleistift gegen die Tätowiermaschine getauscht. Das war 2008.

Ein paar Jahre später eröffnete sie ihr eigenes Studio: die Tattoo-Kajüte. Hier ist sie die Kapitänin, sticht Anker, Tiere, Comicfiguren und Seemannsbräute, hält die Tätowiermaschine fest in der Hand. Und weil Elli so viel Zeit in ihrer Kajüte verbringt, hat sie diese liebevoll eingerichtet. Mit altem Kronleuchter, Segelbildern, einem historischen Rumfass und einem Rettungsring. Sie mag alte Möbel, die eine Geschichte erzählen. Den Kronleuchter zum Beispiel hat sie geerbt, das Rumfass geschenkt bekommen.

Man fühlt sich wohl bei Elli, wie in »Omas beste stuuv«, vergisst fast, dass man sich in einem Tattoo-Studio befindet. Ihren vollständigen Namen benutzt Elli nur selten, weil sie Privates und Berufliches trennen möchte.

Sie hat selbst unzählige Tattoos. Das gehört für sie zum Job als gute Tätowiererin. »Schließlich arbeiten Vegetarier ja auch nicht an der Fleischtheke«, sagt sie.

Jeder Tätowierer entwickelt mit der Zeit seinen eigenen Stil. Elli mag feine Linien und traditionelle Motive. Aber sie sticht fast alles, auch eigene Entwürfe, nur politische Motive, hinter denen sie nicht steht, sind tabu. Und sie macht immer ein Vorgespräch, möchte sichergehen, dass sich die Kunden ihr Motiv und die Stelle, an der es gestochen werden soll, gut überlegt haben. Auch wenn es schlecht fürs Geschäft ist: Elli hat schon Leute wieder nach Hause geschickt.

»Ich bin ein Glückskind«, sagt sie. »Alles kommt auf mich zu.« So wie die Tätowiermaschine und ihr Motto: Piek mol wedder in.

Adresse Toosbüystraße 5, 24939 Flensburg-Altstadt, www.tattoo-kajuete.de | **ÖPNV** Bus 4, Haltestelle Toosbüystraße | **Tipp** Viele Häuser in der Toosbüystraße beeindrucken mit einer Jugendstilfassade und lohnen einen zweiten Blick. Besonders interessant sind die Tierreliefs am Haus Toosbüystraße Nummer 23.

81 Das Taufbecken
363 Mark Arbeitslohn

Taufbecken in Norddeutschland, sogenannte Fünte, waren bis Mitte des 13. Jahrhunderts in der Regel aus Holz oder aus Stein. Letztere wurden manchmal aus Granit gefertigt, meistens jedoch aus Kalksandstein von der Insel Gotland. Mit dem aufkommenden Reichtum der Hansestädte sollten auch die Taufbecken repräsentativer werden, sodass viele Fünten in den südlichen Ostseestädten von da an in Bronze gegossen wurden. »Fünte« leitet sich von dem lateinischen Wort »fons« ab, was übersetzt »Quelle« bedeutet. Eine Bronzefünte hatte den Vorteil, dass die Motive filigraner herausgearbeitet werden konnten als in Stein.

Das Taufbecken in der Sankt-Nikolai-Kirche ist eine gotische Bronzefünte aus dem Jahr 1497. Sie wurde von dem Flensburger Glockengießer Peter Hansen gefertigt, dessen Werke auch in der Marienkirche in Hadersleben und im Dom in Aarhus zu sehen sind. Der Kessel wird von den vier Evangelisten getragen, die alle im weiten, fließenden Mantel dargestellt sind und Schriftbänder in den Händen tragen. Figurale Reliefs von der Taufe Jesu, der Kreuzigung, der Marienkrönung sowie von Christus als Weltenrichter sind filigran herausgearbeitet. Finanziert wurde die Fünte von Peter Partsow, der seit 1463 Kirchherr zu Sankt Nikolai war.

Ursprünglich wurde schon 1585 ein Taufdeckel gestiftet, der stürzte aber bei einem Blitzschlag im Turm herab. Den neuen Taufdeckel spendeten 1722 der Kaufmann Wilhelm Valentiner und seine Gattin Cäcilia, deren Familie noch weitere Denkmäler in Kirchen und auf Friedhöfen errichten ließ und an die heute noch die Valentinerallee erinnert.

Der neue Taufdeckel wurde von Johann Zimmer geschnitzt, der für seine Arbeit ein Honorar von 363 Mark erhalten haben soll. Noch heute erinnert das Wappen des Kaufmanns Hans Kellinghusen und seiner Frau Metta am neuen Taufdeckel an die Stifter des vom Blitz zerstörten Kunstwerks.

Adresse Nikolaikirchhof 8, 24937 Flensburg-Altstadt | **ÖPNV** Bus 2, 10, 11, Haltestelle Südermarkt, oder Bus 1, 3, 5, 7, 12, 13, 14, Haltestelle Südermarkt/Dr.-Todsen-Straße | **Tipp** Von der Sankt-Nikolai-Kirche sind es nur ein paar Schritte in die Rote Straße. Im Sonnenhof (Rote Straße 16) befinden sich rechts und links neben dem Friseur zwei Kunstwerke, die den Hof um 1900 darstellen.

82 Die Teufelsbrücke
Viel Sprengstoff

Alles begann mit einer Sprengung. Der Sprengung einer kleinen Brücke über den Lautrupsbach. Sie musste Platz machen für eine neue, größere Brücke, denn der neue Stadtteil Mürwik sollte besser an die Innenstadt angeschlossen werden.

Mit dem Bau der Marineschule 1910 entwickelte sich Mürwik schnell zu einem bevölkerungsreichen Gebiet, in dem vor allem Soldaten lebten. Wenn sie ihre dienstfreien Stunden in Flensburg verbringen wollten, mussten sie bis dahin einen erbärmlichen Weg gehen, der die Bezeichnung Straße nicht verdiente, oder den »grauen Esel« reiten, das heißt: mit dem Verkehrsboot der Torpedostation in die Stadt fahren.

1912 war die Kaiser-Wilhelm-Straße, die spätere Mürwiker Straße, fertig, und die Straßenbahn eröffnete ihre Linie 3 nach Mürwik. Einzig die kleine Brücke über den Lautrupsbach hielt dem zunehmenden Verkehr nicht stand. Eine neue Brücke musste her, die die Bismarckstraße und die Kaiser-Wilhelm-Straße verband: die Teufelsbrücke. Woher der Name kommt, lässt sich heute nicht mehr eindeutig klären. Flensburger, die damals dort wohnten, berichten von »unheimlichen Vorgängen«, die dort passiert sein sollen: Pferde wurden unruhig, sobald sie in die Nähe der Brücke kamen, Eltern warnten ihre Kinder, ja nicht in das dunkle Loch, den Durchgang unter der Brücke, zu gehen, weil dort der Teufel lauere.

Bis 1927 rollten die Züge der Kieler Eisenbahn durch das Tunnelportal, im Zweiten Weltkrieg war das Teufelsloch Luftschutzraum, 1953 wurden die Schienen herausgerissen, und auf der Trasse entstand die Nordstraße. Ende der 1950er Jahre kam auch die neue Brücke an ihre Grenzen: Zu viele Autos rollten von und nach Mürwik. Etliche Kilogramm Sprengstoff bedeuteten das Ende der Brücke, und wieder wurde eine neue gebaut. Doch auch der nüchterne und viel größere Neubau, unter dem heute der Verkehr der B 199 hindurchrauscht, heißt immer noch Teufelsbrücke.

Adresse Bismarckstraße / Nordstraße, 24943 Flensburg-Fruerlund | **ÖPNV** Bus 3, 7, Haltestelle Parsevalstraße | **Tipp** Unbedingt einen Spaziergang durchs Lautrupsbachtal machen!

FLENSBURG

83 — Der Tomatenberg
Aus Sch… Tomaten machen

Glücklicherweise gibt es noch keine Geruchsbücher, also solche, bei denen der Inhalt des Geschriebenen einen Geruch ausströmt. Denn das, was da bis Anfang der 1960er Jahre den Tomatenberg hinaufwehte, war alles andere als angenehm. Am Rande des Volksparkgeländes stand die Kläranlage der Stadt. Der Flensburger »Schiet« wurde von der Pumpstation an der Ballastbrücke in die Klärbecken nach oben gepumpt und gereinigt, das saubere Wasser lief dann zurück in den Hafen. Der Antrieb des Motors erfolgte mit Gas, das man aus dem Klärschlamm gewann. Das erzeugte nicht nur ein lautes, unangenehmes Geräusch, sondern auch einen unverwechselbaren Duft. Die Anwohner um die Pumpstation nannten ihn deshalb auch »Pupsmotor«.

Der getrocknete Klärschlamm lagerte auf dem Gelände der Kläranlage, und Kleingärtner konnten ihn sich kostenlos als Dünger abholen. Dafür wurde der trockene Schlamm von oben über eine Rutsche nach unten zum Ausgabeplatz befördert. Der Klärschlamm enthielt jede Menge unverdauter Tomatenkerne, die durch den Wind am Lagerplatz und beim Transport mit der Rutsche über das Gelände und den Hang verteilt wurden. Die Folge: Tausende Tomatenpflanzen wuchsen und ließen schöne rote Tomaten reifen. So entstand der Name Tomatenberg, der bis heute geblieben ist. Manche Flensburger nennen auch die Straße »Am Lautrupsbach« Tomatenberg, weil sich die Klärbecken oberhalb davon befanden.

Das neue Klärwerk wurde 1962 in Kielseng eröffnet, am südwestlichen Zipfel der Flensburger Förde. Mehr als zehn Millionen Kubikmeter Wasser werden dort jährlich in drei großen Faultürmen geklärt. Das entspricht der Menge, die in 4.000 olympische Schwimmbecken mit 50-Meter-Bahnen passen. Bis heute läuft ein Großteil des Flensburger Abwassers im Pumpwerk an der Ballastbrücke zusammen und wird von da aus weiter in das Klärwerk geleitet. Zum Glück ohne starke Geruchsentwicklung für die Anwohner.

Adresse Am Lautrupsbach/Am Volkspark, 24937 Flensburg-Fruerlund | **ÖPNV** Bus 5, 21, Haltestelle Ballastbrücke | **Tipp** Am rauschenden Lautrupsbach klappern schon lange keine Wasserräder der Mühle mehr, aber das alte Mühlengebäude steht noch, und der Wasserfall am Unteren Lautrupsweg lohnt einen Abstecher.

84 Der Tresen
Die älteste Kneipe Flensburgs

Die Würfel knallen auf den Tresen, unter dem Becher die Hoffnung auf drei Einsen. »Maxen« heißt das Spiel, das die Männer hier einmal die Woche spielen. Am Tresen, versteht sich. Denn der ist der Mittelpunkt im »Porticus«, der wohl ältesten Kneipe Flensburgs. Hier haben schon viele ihr Bier getrunken: Otto, Rötger »Brösel« Feldmann, Knut Kiesewetter, die Männer von Santiano und die Handballer der SG Flensburg.

Ältere Flensburger erinnern sich noch daran, dass die Kneipe früher »Om de Eck« hieß. Gastwirt war in der Nachkriegszeit Wilhelm Rabe, eine in der Stadt bekannte und bei vielen beliebte Persönlichkeit. Einzig aus seiner Gesinnung machte er keinen Hehl. Duckmäuser und »Neudänen« konnte er nicht ausstehen, wie er selbst einmal gesagt haben soll. Und wenn sich die Dänen zu ihrem Jahrestreffen »Årsmøde« am Nordermarkt trafen und an seiner Kneipe vorbeizogen, hat er die Fenster weit aufgerissen und deutsche Märsche gespielt.

Es muss irgendwann in den 1960er Jahren gewesen sein, als Helge Thordsen um die Ecke kam und das »Om de Eck« sah, das einen Nachfolger suchte. Eigentlich wollte der gelernte Hotelfachmann in die Großstadt, in London oder Berlin ein Restaurant eröffnen, aber als er das »Om de Eck« sah, war es um ihn geschehen. Er übernahm die legendäre Kneipe und nannte sie »Porticus«, was so viel wie Säulengang oder Säulenhalle bedeutet. Er schenkte aber nicht nur Bier aus, sondern veranstaltete auch Kunstausstellungen und Konzerte. So hat er 1971 den damals noch jungen Otto für 90 Mark Gage engagiert. Das Originalplakat existiert noch heute. Genauso wie das rote Klavier, auf dem er spielte und über dessen Klang er so verstimmt war, dass er es verschrammte.

Inzwischen ist Helge Thordsen verstorben, und ein Nachfolger hat das Porticus übernommen. Der Tresen aber ist so geblieben, und die Spuren im Holz zeugen noch von so manch durchzechter Nacht.

Adresse Porticus, Marienstraße 1, 24937 Flensburg-Altstadt | **ÖPNV** Bus 1, 4, 7, Haltestelle Fördebrücke, oder Bus 4, Haltestelle Toosbüystraße | **Öffnungszeiten** Mo–Sa ab 19 Uhr bis der letzte Gast geht, So ab 20 Uhr | **Tipp** Ein paar Häuser weiter spielt »Det lille Teater« Stücke auf Dänisch (Spielplan unter www.detlilleteater.de).

FLENSBURG

85 — Der Turm zu Babel
Licht aus Norden

Es ist geglückt. Die Fenster auf der Nordseite der Heilig-Geist-Kirche sind nicht mehr dicht, oder besser gesagt: Sie werden nicht mehr so empfunden. Die langweiligen Fenster, die eigentlich gar keine waren, sondern Schmuckfenster aus einer tristen gelbbraunen Farbe, durch die man nicht hindurchsehen konnte, sind weg. Ersetzt durch ein Kunstwerk des dänischen Bildhauers Bjørn Nørgaard: den »Turm zu Babel«.

Die »Verdunkelung« geht zurück auf das Jahr 1894. Zwischen der Kirche und dem an der Nordseite angrenzenden Haus des Uhrmachers befindet sich eine kleine freie Fläche, durch die genügend Licht in die Fenster der Kirche dringt. In besagtem Jahr vergrößert der Uhrmacher sein Geschäft bis auf das Kirchengelände, darf sein Haus direkt an die Wand der Heilig-Geist-Kirche bauen. Gerüchte behaupten, er hätte den Bürgermeister bei einem Bier in der Kneipe bestochen. Fakt ist: Die nördlichen Kirchenfenster sind von dem Tag an dicht und lassen kein Tageslicht mehr durch. Da ändern auch nachträglich angebrachte Schmuckfenster nichts.

2007 wollen Mitglieder der Kirchengemeinde die Finsternis erhellen und stoßen dabei auf den Künstler Bjørn Nørgaard, der alsbald die Kirche besucht und sich die verdunkelten Fenster anschaut. Seine Idee: ein Objekt aus Glasmosaiksteinen, die von hinten angeleuchtet werden. Er entwirft eine zwei Meter hohe Skulptur, die auf der Vorderseite die Geschichte des Turmbaus zu Babel erzählt, vom menschlichen Streben, sich selbst Gott gleichzusetzen, und die auf der Rückseite das Pfingstwunder darstellt, wie Gott die Jünger mit seinem Geist erfüllt und sie das Evangelium verbreiten. Geht der Betrachter dicht an das Kunstwerk heran, kann er durch die Öffnungen schauen und wird durch die Spiegelung selbst ein Teil des Pfingstwunders. Seit 2013 ersetzt das Kunstwerk die farblosen Schmuckfenster und bringt wieder Licht ins Dunkel der Kirche.

Adresse Heilig-Geist-Kirche, Große Straße 43, 24937 Flensburg-Altstadt | **ÖPNV** Bus 3, Haltestelle Katholische Kirche | **Tipp** Die Große Straße in Richtung Nordermarkt gehen und dort in die Schiffbrückstraße einbiegen. Auf der rechten Seite stehen Gründerzeithäuser mit aufwendiger Backsteinfassade, in der Nummer 8 befindet sich die Stadt-Redaktion der Flensburg Avis, der Zeitung der dänischen Minderheit.

FLENSBURG

86 — Der Volkspark
Ein Garten auf öffentliche Kosten

Alles beginnt mit der Forderung des Kieler Professors der Philosophie und Schönen Wissenschaften Christian Hirschfeld nach Demokratisierung der Gartenkunst, »die niemals der Politik gleichgültig seyn sollte«. Schon 1773 sieht er – noch vor der Französischen Revolution – in der Anlage von »Gärten auf öffentliche Kosten« die Aufgabe »einer gesunden Staatskunst«. Zwar gibt es schon vereinzelt Fürstengärten, die auch für das einfache Volk geöffnet sind, doch Hirschfeld ist der Erste, der ein politisches, formal und inhaltlich durchdachtes Konzept für einen Volkspark vorlegt. Ziel eines solchen Parks ist es, »gesellschaftliche Spannungen abzubauen« und Bürger aller Schichten anzuregen, sich draußen an der frischen Luft sportlich zu betätigen. Einer der Ersten, der diese Ideen umsetzt, ist der Gartenarchitekt Friedrich von Sckell bei der Anlage des Englischen Gartens in München 1789. Auch Gartenkünstler wie Peter Joseph Lenné und Gustav Meyer greifen das Konzept Hirschfelds auf und verfeinern es.

Anfang des 20. Jahrhunderts gibt es in Flensburg bereits Gartenanlagen wie den Christiansenpark oder den Stadtpark. Doch sie dienen in erster Linie dem Flanieren: Die Eltern spazieren im feinen Zwirn vorweg, die Kinder gehen – mit einigen Schritten Abstand – sittsam hinterher. Was fehlt, ist ein Park zum Spielen, Rennen und Toben. Dafür wird 1925 der Volkspark gebaut, nach Vorbild des Altonaer Volksparks ebenfalls mit einem Stadion (siehe Ort 87), das 1927 eingeweiht wird.

Nach dem Zweiten Weltkrieg wird der Park weniger gepflegt, Holz und Zäune verschwinden durch Diebstahl. Es fehlt das Geld, den Park auszubauen, die Substanz zu erhalten. Einen ersten Schritt macht der Verschönerungsverein im Frühjahr 2017 mit der Neugestaltung einer alten Aussichtsplattform. Auf der können Spaziergänger das Panorama jetzt wieder genauso genießen wie die Besucher vor 70 Jahren.

Adresse Am Volkspark, 24943 Flensburg-Fruerlund | **ÖPNV** Bus 3, 7, Haltestelle Bohlberg | **Tipp** Am Wasserturm erinnert ein Gedenkstein an Johann Cornelius, der 1641 den Vorläufer des Volksparks, den Mürwiker Park, angelegt haben soll.

FLENSBURG

87 Das Volksparkstadion
Bierathlon, Gummistiefelweitwurf und Rumkugeln

Natürlich denkt jeder beim Volksparkstadion zunächst an Hamburg, den Hamburger SV und die Osttribüne. Doch auch Flensburg hat ein Volksparkstadion, und auch hier wird Fußball gespielt. Und das ziemlich erfolgreich von den Kickern von Flensburg 08. Aber auch Weltklassespieler haben hier schon um die Lederkugel gekämpft. Zum Beispiel 1981 beim sogenannten Comeback-Spiel Deutschland gegen England. 15 Jahre nach dem legendären Spiel von Wembley, in dem England nach einem umstrittenen Tor Weltmeister wurde, trafen die Rivalen von einst in einem Freundschaftsspiel erneut aufeinander, und 14.000 Zuschauer sahen in einem ausverkauften Volksparkstadion ein hochkarätiges Spiel.

Die Sportstätte liegt mitten im Volkspark, der Mitte der 1920er Jahre für die Erholung und die sportliche Betätigung der Flensburger Bürger angelegt wurde. Das Stadion wurde 1927 mit einem großen Turnfest eingeweiht. Athleten aus dem ganzen Land gaben sich die Ehre.

Auch heute finden hier noch regelmäßig Leichtathletikwettkämpfe statt: Meisterschaften, der Staffeltag der Schulen und die »Schleswig-Holstein-Spiele«, die 2012 von einem Radiosender initiiert wurden. Angefeuert von Cheerleadern traten dabei 20 Mannschaften in so kuriosen Disziplinen wie »Bierathlon«, »Denk-Gymnastik«, »Gummistiefelweitwurf« und »Rumkugeln« gegeneinander an. Der Sieg wurde zur Nebensache. Es ging einzig um den Spaß.

Auch der Hamburger SV hat schon in diesem Volksparkstadion gespielt, 2013 in einem Testspiel gegen den Londoner Premier-League-Verein West Ham United. Der HSV hat 1:3 verloren. Egal, den Zuschauern hat es trotzdem gefallen. Das Besondere am Flensburger Stadion: Die Stimmung ist familiär, und die Zuschauer sind ganz nah dran an den Spielern. Ein Fan drückte es mal so aus: »Wir können sogar die Namen auf den Trikots lesen – das kann man in dem großen Stadion in Hamburg nicht.«

Adresse Arndtstraße 5, 24943 Flensburg-Fruerlund | **ÖPNV** Bus 3, 5, 7, Haltestelle Stadion | **Tipp** Direkt am Stadion liegt die Jugendherberge, in der auch schon der Bundesliga-Nachwuchs seine müden Kickerbeine ausruhte.

88_ Volvox
Von lateinisch volvere: wälzen, rollen

Man kann den Tisch herunterklappen, ein Buch aufschlagen und auf dem Stuhl sitzen. Soll man sogar. Und dabei die hölzernen Gegenstände um sich herum wirken lassen. »Das Gewöhnliche fremd und das Fremde gewöhnlich machen«, so die Intention des Ahrensburger Künstlers Peter F. Piening, der das begehbare Objekt geschaffen hat. Mehr als 200 Alltagsgegenstände hat er aus unterschiedlichen Hölzern gesägt, geschmirgelt und farbig gefasst. Von der Seife bis zur Krawatte, vom Telefon bis zum Kochtopf mit Spaghetti, vom Kerzenständer bis zum Fliegenfänger. Er scheint an alles gedacht zu haben, Sinniges und weniger Sinniges, was der Besucher für eine imaginäre Reise in diesem eiförmigen Vehikel benötigt. Das Woher und Wohin bleibt unbestimmt. Sehschlitze erlauben den Blick von innen nach außen und umgekehrt. Ein Spiegel an der Stirnseite des Gehäuses wirft den Insassen auf sich selbst zurück.

Die äußere Form erinnert an ein Raumschiff oder ein Unterseeboot. Peter F. Piening hat sich bei der Gestaltung seines Großobjektes vom ersten U-Boot, dem 1851 in der Kieler Förde gesunkenen Brandtaucher von Wilhelm Bauer, inspirieren lassen. Bau- und Konstruktionspläne von technischen Geräten und Fahrzeugen faszinieren ihn.

Der Name »Volvox« geht zurück auf die botanische Bezeichnung einer Kugelalge, die aus vielen gleich geformten Zellen besteht, die aber unterschiedliche Aufgaben haben. Es ist das Spiel mit den Gegensätzen, das der Künstler auf die Spitze treibt.

Jedes Mal wenn sich Peter F. Piening in sein eigenes Objekt setzt, ist er wieder überrascht, was er alles entdeckt. Dann beginnt die Reise im Kopf, wie er sagt. Eine Reise zu sich selbst, in der das Alltägliche fremd erscheint, alles und doch nichts möglich ist. Er wünscht sich, dass möglichst viele Besucher sein Objekt begehen, sich genau wie er an den Tisch setzen und den Raum einfach wirken lassen.

Adresse Heinrich-Christiansen-Haus, Museumsberg 1, 24937 Flensburg-Westliche Höhe, www.museumsberg-flensburg.de | **ÖPNV** Bus 3, Haltestelle Katholische Kirche oder Stadttheater, Fußweg durch den Park, oder Bus 2, Haltestelle Museumsberg, Fußweg durch den Alten Friedhof | **Öffnungszeiten** Di–So 10–17 Uhr | **Tipp** Vor dem Hans-Christiansen-Haus ragt ein Belüftungsturm wie ein Mahnmal aus der Erde, der zu einer unterirdischen Bunkeranlage gehört.

89 — Die Walzenmühle
Glück zu!

Sie prägt das Bild der Flensburger Neustadt. Und das schon seit mehr als 125 Jahren: die Walzenmühle. Wo einst Tausende Tonnen Getreide lagerten und mit großen Maschinen zu Mehl gemahlen wurden, befindet sich heute ein Medien- und Kulturwissenschaftszentrum. Mit Büros, Wohnungen und Läden. Die historische Bausubstanz ist in vielen Teilen erhalten, die Mühle steht seit 1998 unter Denkmalschutz.

Gebaut wurde sie 1889 von einer Aktiengesellschaft. Das Startkapital: 300.000 Mark, gesplittet in 300 Aktien zu je 1.000 Mark. Die Walzentechnik versprach die Herstellung feinster weißer Mehle, nachdem in den steingeführten Anlagen stets ein Restanteil brauner Kleie verblieb. Neuere und größere Maschinen wurden eingebaut, die Produktivität stieg. Die Zeit der alten Kornmühlen war vorbei.

Jahrzehntelang lief der Betrieb auf Hochtouren, bis Anfang der 1970er Jahre das Aus für die Getreideverarbeitung kam. Der Grund: Überkapazitäten durch zu viele Mühlen. Danach diente die Flensburger Mühle nur noch als Lager. Einer der wohl kuriosesten Aufträge in dieser Zeit war die Lagerung von 5.000 Tonnen Roggen, die nach mehreren Jahren als Fischfutter nach Japan verkauft wurden. 1997 war dann endgültig Schluss.

Doch das Gebäude sollte erhalten bleiben, und private Investoren gründeten zehn Jahre später das heutige Kultur- und Medienzentrum. Einer der ersten Mieter war Roberto Gavin mit seinem Weinkontor. Der Italiener hat sich auf europäische Weine spezialisiert, deren Weingüter er kennt. So kann er zu jeder Flasche eine Geschichte erzählen: über den Winzer, das Anbaugebiet und die Produktionsbedingungen. Hinter jedem Wein steckt für ihn gutes Handwerk, genau wie damals zu Zeiten der Mehlproduktion.

In einem der größten Industriedenkmäler der Stadt verbinden sich geschickt Tradition und Moderne. Und man mag der Mühle wie früher den alten Müllergruß zurufen: Glück zu!

Adresse Neustadt 16, 24939 Flensburg-Neustadt, www.walzenmuehle-flensburg.de | **ÖPNV** Bus 1, 7, Haltestelle Nordertor | **Tipp** An der Ecke der Straßen Neustadt/Schwedengang steht noch heute die alte Villa des ehemaligen Mühlenbesitzers Ludwig Iversen.

90 Die Weiße Pforte
Kein Schutz vor Holzdieben

Die Marienhölzung ist seit 250 Jahren ein beliebtes Ausflugsziel und mit einer Fläche von 200 Hektar der größte zusammenhängende Wald Flensburgs. Bis ins 18. Jahrhundert wurde das Gehölz lediglich zur Viehmast, zum Bauholzschlagen, Brennholzsammeln und Torfstechen genutzt. Um 1750 erkannten die Flensburger den forstwirtschaftlichen Wert der Marienhölzung, und aus dem bislang unkultivierten Wald wurde eine gepflegte Hölzung. Es dauerte nicht lange, dann kamen Spaziergänger, um sich in freier Natur zu erholen.

Die Aufsicht über die Marienhölzung hatte der Holzvogt Hans Wesche. Er hatte sie vor Holzdieben zu schützen und die neu angepflanzten Bäume vor Beschädigung zu bewahren. Für Wesche wurden mitten im Wald Wohn- und Wirtschaftsgebäude errichtet, »welche zugleich einigermaßen zur Gastwirtschaft eingerichtet« waren. In alten Akten wird ausdrücklich darauf hingewiesen, dass der Holzvogt aufgrund seines geringen Gehalts auf Nebeneinkünfte eines Ausschankes angewiesen war. Und als die Holzgebäude 1824 baufällig waren, setzten sich Kirchenpatrone der Sankt-Marien-Kirche für einen Neubau ein und schrieben: »daß es der allgemeine Wunsch der dortigen Stadtbewohner sey, daß ein anständiges Local zur Benutzung für diejenigen welche die Hölzung als Belustigungsort besuchten, in derselben eingerichtet werden möge«. Der Neubau wurde genehmigt und 1826 mit einem Waldkonzert eingeweiht.

Wer in den Jahren nach 1851 in die Marienhölzung oder die heute noch existierende Gaststätte wollte, spazierte durch die Weiße Pforte, das damalige Hauptportal. 1968 wurde der Wald durch den Bau der Bundesstraße 200 zerschnitten, und die Weiße Pforte war von da an nur noch Eingang zu einem sehr kleinen Waldstück. Sie verfiel im Laufe der Jahre, bis der Verschönerungsverein die historische Toranlage 2007 restaurierte und damit an ihre alte Funktion als Hauptportal der Marienhölzung erinnerte.

Adresse Marienhölzungsweg/Heinrich-Voß-Straße, 24939 Flensburg-Neustadt | **ÖPNV** Bus 3, Haltestelle Marienhölzungsweg | **Tipp** Am Sängerstein in der Marienhölzung trafen sich im 18. und 19. Jahrhundert Chöre zum Singen, denen es nicht nur ums Musizieren, sondern auch um den Austausch patriotischen Gedankenguts ging.

FLENSBURG

91 Die Welle
Eine Brunnenposse

Manche Geschenke bringen Verpflichtungen mit sich. Wie in diesem Fall. Denn ein Brunnen sollte plätschern, doch die Wogen der »Welle«, wie der Brunnen in der Sankt-Jürgen-Straße heißt, schlugen hoch, ganz ohne Wasser – oder gerade weil kein Wasser floss. Die ganze Geschichte:

Die Anwohner der Sankt-Jürgen-Straße wollen ihre Straße verschönern, gründen 1985 den »Verein zur Erhaltung der östlichen Altstadt« und geben dem Flensburger Künstler Uwe Appold den Auftrag, einen Brunnen anzufertigen. Der Maler und Bildhauer hat bereits bundesweit seine Spuren hinterlassen. Mit Kunst am Bau, Kunst im öffentlichen Raum und Kunst in der Kirche. Aber am liebsten gestaltet er seine Heimatstadt. So kreiert Uwe Appold eine etwa 1,60 Meter hohe Bronzeplastik in Form einer Welle. In der Bronze sind kleine Öffnungen, aus denen das Wasser über die Welle in das Becken rinnt. Wenn es denn rinnt.

Der Verein finanziert den Brunnen über Spendengelder und schenkt das Kunstwerk der Stadt, die es verabredungsgemäß in der Sankt-Jürgen-Straße aufstellt. Anwohner erklären sich bereit, die Versorgung des Brunnens mit Wasser aus ihrem Keller heraus zu steuern. So sprudelt das kühle Nass, bis 2012 neue Mieter in das Haus einziehen und mit der Wasserversorgung nichts zu tun haben wollen. Das schlägt Wellen beim Verein und bei der Stadt, denn wer kommt jetzt für die Wasserkosten auf? Und wer ist bei der Stadt für dieses Geschenk zuständig? Nach langem Hin und Her ist die verantwortliche Stelle gefunden, und das Technische Betriebszentrum und der Verein einigen sich darauf, die Kosten von 8.000 Euro zu teilen. Seit Sommer 2013 plätschert die Welle wieder, und auch die Rabatten drum herum wurden neu gestaltet.

Das Wasser wird übrigens jedes Jahr rund um Ostern angestellt und sprudelt bis in den Herbst hinein. Im Winter versiegt die Welle. Aber das ist ganz normal bei einem öffentlichen Brunnen.

Adresse Sankt-Jürgen-Straße 47–49, 24937 Flensburg-Jürgensby | **ÖPNV** Bus 5, Haltestelle Hafendamm | **Tipp** Die Welle liegt mitten im Gängeviertel, das mit seinen malerischen Häusern und den kleinen Gängen zu den schönsten Ecken der Stadt gehört.

92 Der Westindienspeicher
Beliebtes Fotomotiv

Heute würde man sagen: Andreas Christiansen senior war ein Macher, einer der mutigsten Jungunternehmer in der Zeit des Westindienhandels, ein Selfmademan. Denn er war kein Spross einer alteingesessenen Kaufmannsfamilie, sondern stammte aus dem kleinen Dorf Ellum bei Lügumkloster und kam 1758 nach Flensburg, um eine Kaufmannslehre zu machen. Schon wenige Jahre später fuhr er auf einem der Schiffe der Westindienflotte auf die dänische Karibikinsel Saint Croix und lernte dort den Zucker- und Rumhandel aus erster Hand kennen. In den kommenden neun Jahren folgten fünf weitere Handelsfahrten und mehrere Monate Aufenthalt auf der Insel, sodass er sich zu einem Experten für den Westindienhandel entwickelte.

Zurück in Flensburg beteiligte er sich an Schiffen nach Dänisch-Westindien und gründete 1778 eine Zuckerraffinerie, die bald zur bedeutendsten der Stadt wurde. Andreas Christiansen senior trug maßgeblich zum wirtschaftlichen Aufschwung Flensburgs bei, was ihm hohes Ansehen und ein großes Vermögen einbrachte. 1783 erreichte die Jahresproduktion bei Christiansen einen Wert von 50.000 Reichstalern, er überflügelte damit seine Konkurrenten um ein Vielfaches.

1789 errichtete Andreas Christiansen senior den fünfgeschossigen Westindienspeicher als Lager für seine wertvollen Kolonialwaren. Was heute pittoreske Zierde ist, war damals Dreh- und Angelpunkt des Warenumschlags: der Kran unter der hölzernen Gaube. Auf Pferdekutschen wurden die schweren Eichenfässer mit Pure-Rum und die Säcke mit Tabak, Kakao und Gewürzen vom Hafen hierhertransportiert und unter die Luke gefahren. Dort wurden sie mit dem Giebelkran in den Speicher gehievt und lagerten, bis sie verkauft oder verarbeitet wurden.

Heute befinden sich in dem Speicher Wohnungen und Büroräume, in denen die niedrigen Decken noch immer an die alte Nutzung als Vorratslager erinnern.

Adresse Große Straße 24, 24937 Flensburg-Altstadt | **ÖPNV** Bus 3, Haltestelle Katholische Kirche | **Tipp** An dem Haus Große Straße 48 erinnert eine Tafel daran, dass hier der »Große Kurfürst« Friedrich Wilhelm von Brandenburg zur Zeit der Nordischen Kriege 1658 Quartier nahm.

FLENSBURG

93 Das Windloch
Dat Pussloch

Um es gleich vorwegzusagen: Ein Windloch sucht man hier vergebens. Aber den Wind, der hier einst fegte, den kann man heute noch sehen – an den windschiefen Dächern der Häuser. Auf alten Stadtplänen ist der Name Windloch noch eingetragen und bezeichnet den kleinen Straßenstummel zwischen Engelsbyer Straße und Neuem Weg. Die Bezeichnung »Windloch« stammt vermutlich von dem alten Dorfkrug, der hier um 1704 stand und ringsherum von Äckern umgeben war, über die der Ostwind pfiff. Auch ein Dorf Windloch soll es gegeben haben, das erstmals im Jahr 1697 erwähnt wird und dessen Überreste heute im Flensburger Stadtteil Engelsby liegen. Bei einer Zählung im Jahr 1825 wurden gerade mal 13 Einwohner registriert. Das änderte sich ab 1886, als die Kreisbahn aus Flensburg auch am Windlocher Dorfkrug hielt und eine schnellere Verbindung in die Stadt ermöglichte. Reiche Flensburger bauten sich hier ihre Villen und zogen in die ländliche Idylle. Einige dieser Villen sind auch heute noch in der Engelsbyer Straße und im Neuen Weg zu sehen.

Neben Engelsby-Dorf ist Windloch der alte Kern des heutigen Stadtteils Engelsby, der in verschiedene Viertel aufgeteilt ist. Da gibt es zum Beispiel das Musikerviertel mit der Mozart-, Brahms-, Beethoven- und Richard-Wagner-Straße sowie das Sternenviertel, dessen Straßen nach Planeten benannt sind.

Auch die Stadt Flensburg erkannte vor einigen Jahren die Bedeutung dieses städtebaulichen Kleinodes und beschloss 2006 eine Gestaltungssatzung »Engelsbyer Straße / Windloch«, in der von einem »historisch gewachsenen und kulturhistorisch geprägten Bereich« die Rede ist, dessen »Ortsbild in seinem gestalterischen Wert erhalten und gesichert« werden soll.

Außerdem stand das Windloch 1977 Pate für die gleichnamige Stadtteilzeitung der SPD, deren langjähriger Vorsitzender für das Blatt die plattdeutsche Bezeichnung »Dat Pussloch« gewählt haben soll.

Adresse zwischen Engelsbyer Straße und Neuem Weg, 24943 Flensburg-Engelsby | **ÖPNV** Bus 10, 11, Haltestelle Neuer Weg | **Tipp** Auf der anderen Seite der Osttangente, zu der man durch die Unterführung der Mozartstraße / Engelsbyer Straße kommt, liegt Engelsby-Dorf mit seinen schönen alten Häusern.

FLENSBURG

94 — Yellow Submarine
Die Pilzköpfe in Flensburg

Das Vorbild: ein Cover der Beatles-LP von 1969. Die Aufgabe: einen 13,50 Meter langen und 2,50 Meter hohen Container in ein Unterseeboot zu verwandeln. Der Künstler: Sven Schmidt. Der Container hinter dem Diakonissenkrankenhaus ist vollgestopft mit Technik. Hier ist seit 2012 ein modernes Notstromaggregat eingebaut, das im Ernstfall einspringen muss, um die Stromversorgung des Krankenhauses zu gewährleisten. Das alte Gerät war in die Jahre gekommen und reichte für den gestiegenen Stromverbrauch nicht mehr aus. Da für das neue, größere Aggregat im Gebäude kein Platz ist, wurde es in dem Container untergebracht.

Doch dem Initiator dieser ungewöhnlichen Aktion, dem damaligen Chef der technischen Abteilung des Diakonissenkrankenhauses, war der blaue Kasten zu schmucklos. Er wollte da Farbe rein- oder besser gesagt ranbringen. Als eingefleischter Beatles-Fan kam er auf die Idee mit dem Yellow Submarine.

Und so nimmt sich der Graffiti-Künstler Sven Schmidt das LP-Cover der legendären Pilzköpfe als Vorlage und beginnt, das U-Boot zu gestalten. Das Blau des Containers ist das Meer, in dem das Submarine schwimmt. Der Sprayer nutzt seine künstlerische Freiheit und sprüht vier Bullaugen auf das U-Boot, aus dem John, Paul, George und Ringo dem Betrachter zuwinken. Er rechnet etwa eine Sprühdose pro Quadratmeter, und das bei einer Gesamtfläche von etwa 100 Quadratmetern. Doch er hat die Rechnung ohne das Gelb gemacht, das deckt nämlich weitaus weniger gut als angenommen. Es nützt nichts, mehr Farbdosen müssen her. Zehn Tage und 120 leere Sprühdosen später ist das Kunstwerk fertig: ein Yellow Submarine auf blauem Grund. Im Bauch des U-Bootes: ein V-18-Zylinder-Dieselmotor, der es mit zwei Turbinen auf 1.000 Kilowatt bringt. Eine erste Generalprobe hat er schon überstanden, ist für 45 Minuten eingesprungen, als der Strom im Krankenhaus ausfiel.

Adresse Knuthstraße 1, zu sehen von der Duburger Straße, 24339 Flensburg-Westliche Höhe | **ÖPNV** Bus 3, 4, Haltestelle Burgplatz | **Tipp** Im Garten der Diakonissenanstalt bei der Cafeteria befindet sich der »Seifenbläser«, eine Marmorskulptur von Heinz Weddig, die früher im Stadtpark stand und in der DIAKO vor Graffiti und Beschädigung geschützt wird.

95 — Der Zeppelin
LZ 126 und der Traum vom Fliegen

Der Zeppelin über der Eingangstür erinnert an einen großen Luftfahrtpionier, an einen Visionär, über den eine Mailänder Zeitung einst schrieb, dass er der »populärste Mann der Welt« sei, und den der amerikanische Präsident Herbert Hoover »Deutschlands besten Botschafter« nannte. Das Luftschiff schwebt über dem Geburtshaus von Hugo Eckener.

Seine Eltern führen einen gut gehenden Zigarren- und Gewürzhandel, als der kleine Hugo am 10. August 1868 geboren wird. Anfangs hat die Mutter noch Zeit für ihren Erstgeborenen, doch schnell kommen vier weitere Geschwister dazu. Zwei Jungen und zwei Mädchen. Das Verhältnis zu seiner Mutter ist eng, die Beziehung zu seinen Geschwistern distanziert. Hugo Eckener ist auch später kein Familienmensch, geht lieber seine eigenen Wege. Und die führen ihn 1908 zu einem schicksalhaften Treffen mit Ferdinand Graf von Zeppelin. Hugo Eckener ist damals Korrespondent der Frankfurter Zeitung und verfolgt fasziniert, aber durchaus kritisch die Flugversuche des Grafen mit lenkbaren Luftschiffen, die allzu häufig mit Unfällen enden. Der Graf braucht jemanden, der seine Pläne in der Öffentlichkeit verteidigt, und Eckener nimmt die Herausforderung an. Doch damit nicht genug. Die Luftschiffe werden zu seiner Leidenschaft, der Traum vom Fliegen erwacht. Er gibt das Schreiben auf und steigt in die Produktion der Luftschiffe in Friedrichshafen ein. Später fliegt Hugo Eckener auch selbst und bringt es als Kommandant auf mehr als 2.000 Luftschiff-Fahrten. Die bekannteste ist seine Transatlantik-Überquerung nach Nordamerika. Dafür baut er im Auftrag der Amerikaner 1924 den Zeppelin LZ 126, startet am 12. Oktober am Bodensee und landet nur drei Tage später in New Jersey, USA. Damit ist er einer der Ersten, die nonstop den Atlantik überfliegen. Die Welt ist begeistert und seine Heimatstadt stolz. So stolz, dass sie ihn zum Ehrenbürger ernennt.

Adresse Norderstraße 8, 24939 Flensburg-Altstadt | **ÖPNV** Bus 4, Haltestelle Toosbüystraße | **Tipp** Der dänische Dichter Hans Christian Andersen logierte auf seinen Reisen zwischen 1851 und 1863 mehrfach in dem Haus Große Straße 56, das viele Flensburger noch als »Hotel Raasch« kennen.

DOLLERUP

96 — Die Destille
Alles Apfel, oder was?

Sie wird 2016 als beste Destille Deutschlands ausgezeichnet und gewinnt im gleichen Jahr in Berlin die Goldmedaille für ihren Whisky: die Dolleruper Destille. Wer hätte das gedacht, als Manfred und Brigitte Weyrauch 1990 im Spritzenhaus der Freiwilligen Feuerwehr eine kleine Mosterei gründeten, in der sie Äpfel und Birnen, Quitten und Schlehen aus der Nachbarschaft annahmen und verarbeiteten? Erst machten sie nur Saft daraus, dann kamen immer mehr Produkte wie Apfelessig oder Schlehenmarmelade dazu. 2005 erfüllte sich Manfred Weyrauch einen Traum und kaufte eine Destille. Er brannte einen Calvados mit Apfel und nannte ihn »Dalvados«.

Das Obst stammte aus schleswig-holsteinischen Bauerngärten, von Streuobstwiesen und Obstbaubetrieben mit einer ökologisch nachhaltigen Ausrichtung. Die Wildfrüchte wie Schlehen und Kreten wurden in Knicks in mühevoller Arbeit handgepflückt.

2014 übernahmen die Braumeister Werner Sauer und Axel Hartwig die nördlichste Obstbrennerei Deutschlands und ergänzten die Produktpalette um Whisky, Gin und den »Verbotenen Apfel«, einen in Frankreich beliebten Calvados gemischt mit Apfel, der bei den Franzosen »pomme à l'eau« heißt, also »Wasser mit Apfel«. Da dieser Begriff geschützt und damit für andere verboten ist, nennen ihn die Braumeister mit einem Augenzwinkern »Verbotener Apfel«.

Was im alten Spritzenhaus der Freiwilligen Feuerwehr auf kleinstem Raum mit einer Produktion von 500 Litern begann, hat sich zu einer kleinen Manufaktur mit einer Produktion von etwa 10.000 Litern rohem Saft aus Äpfeln, Birnen und Quitten gemausert. Und inzwischen produzieren sie in Dollerup auch Rhum. »Rhum mit h«, erklärt Werner Sauer, »weil wir den Rhum traditionell aus Zuckerrohr herstellen und nicht wie oft üblich aus dem Abfallprodukt der Melasse.« Und dieser Rhum hat sogar schon eine Silbermedaille gewonnen: 2015 in Berlin.

Adresse Neukirchener Weg 8a, 24989 Dollerup, Tel. 04636/976030 | **ÖPNV** Bus 1605, Haltestelle Dollerup Streichmühle/Nordstraße, oder Bus 1561, Haltestelle Dollerup Streichmühle II | **Öffnungszeiten** Mo–Fr 10–18 Uhr, Sa 11–16 Uhr | **Tipp** Jeden zweiten Freitag im Monat findet in der Destille eine Jazzsession statt. Am besten Fahrgemeinschaften gründen, denn es darf dabei auch probiert werden.

GLÜCKSBURG

97 _ Die Archimedische Winde
Kostbares Trinkwasser für Indien

Wasser ist für Menschen und Tiere lebenswichtig. Es stillt den Durst und lässt Pflanzen wachsen. Vor mehr als 2.000 Jahren erfand der griechische Mathematiker Archimedes eine geniale Wasserschraube, um Wasser aus Gräben zu pumpen. Statt das Wasser mit Eimern zu schöpfen, entwickelte er eine von Hand angetriebene Schraube. Die archimedische Schraube oder Schneckenschraube, wie sie auch heißt, wird heute noch in Förderanlagen eingesetzt.

Die Archimedische Winde ist eine von mehr als 30 Stationen in Deutschlands erstem Energie-Erlebnis-Park in Glücksburg. Hier wird die Schraube nicht durch eine Handkurbel, sondern durch Segel angetrieben und das Wasser so nach oben befördert. Im Powerpark erleben Besucher, wie Energie erzeugt und umgewandelt wird: zum Beispiel Sonnenstrahlen in Strom oder Reibung in Wärme. Was viele im Physikunterricht nicht verstanden haben, können hier selbst die Kleinsten »begreifen«. Sie können mit Muskelkraft eine 60-Watt-Glühbirne zum Leuchten bringen und anhand ihrer zu Berge stehenden Haare sehen, wie eine Elektrisiermaschine durch Reibung Ionen auflädt und auf Wanderung schickt. Der Powerpark gehört zu »artefact«, dem ersten von der UNESCO ausgezeichneten Bildungszentrum für nachhaltige Entwicklung in Schleswig-Holstein mit einem zur EXPO 2000 errichteten Lehmpavillon, in dem innovative Umwelttechniken präsentiert werden.

Vor ein paar Jahren haben artefact-Mitarbeiter in einem Gemeinschaftsprojekt mit indischen Kollegen eine Archimedische Winde an der indischen Küste aufgebaut, um Trinkwasser zu gewinnen. Dafür wurde das salzige Meerwasser mit der Archimedischen Schlauchwinde auf höher gelegenes Land befördert, um dort dann mit Hilfe der Sonne das Salz herauszukristallisieren. Der Effekt: Die Inder bekamen nicht nur kostbares Salz, sondern auch gutes Trinkwasser.

Adresse artefact Powerpark, Bremsbergallee 35, 24960 Glücksburg, Tel. 04631/61160, www.artefact.de | **ÖPNV** Bus 1574, Haltestelle Glücksburg Bremsberg | **Öffnungszeiten** April–Okt. Sa, So 11–16 Uhr | **Tipp** Wer schon immer mal in eine (ehemalige) Kirche gehen wollte, um etwas über den Wald zu erfahren, der ist im Waldmuseum in der Holnisstraße 2 in Glücksburg genau richtig.

GLÜCKSBURG

98 — Der Kleinplanet Flensburg
Nummer 14632

Ja, es gibt tatsächlich einen Himmelskörper mit dem Namen »Flensburg«. Der wurde nach der Geburtsstadt des Entdeckers Norbert Ehring benannt. Der Hobby-Astronom erspähte den Kleinplaneten 1998 von seiner Amateur-Sternwarte im nordrhein-westfälischen Bornheim aus. Der Asteroid »Flensburg« hat einen Durchmesser von etwa sechs Kilometern und eine Oberfläche von 130 Quadratkilometern. Damit ist er deutlich zu klein, um ein richtiger Planet zu sein. Zum Vergleich: Jupiter, der größte Planet unseres Sonnensystems, hat einen Durchmesser von etwa 143.000 Kilometern. Aber wer will schon so kleinlich sein?

Zusammen mit vielen anderen kleinen Himmelskörpern kreist »Flensburg« in vier Jahren auf einer Umlaufbahn zwischen Mars und Jupiter um die Sonne. Nach einer längeren Beobachtungszeit bekam der Asteroid im April 2000 die Nummer 14632 und ist seitdem offiziell vom Minor Planet Center in Massachusetts anerkannt. Auf einem Beweisfoto ist »Flensburg« 190 Millionen Kilometer von der Erde entfernt. Da hatte der Fotograf Glück, konnte den Kleinplaneten perfekt ablichten. Denn die Entfernung schwankt. Sie kann auch schon mal 340 Millionen Kilometer betragen.

Zu sehen ist der Kleinplanet im Menke-Planetarium in Glücksburg. Hier können Besucher einen virtuellen Flug nach »Flensburg« buchen. Vielleicht mit einem Umweg über den Mond. Das Planetarium ist eher klein. Die Kuppel hat einen Durchmesser von sechs Metern, die Atmosphäre ist mit 50 Zuschauern familiär. Trotzdem zählt das Observatorium zu den modernsten in Deutschland. Denn hier können Besucher das Universum von jedem beliebigen Ort aus sehen, nicht nur von der Erde. Wie wäre es zum Beispiel mit einem Sonnenaufgang auf dem Mars? Einem Spaziergang über den Jupiter oder einem kritischen Blick auf die Erde vom Mond aus? Oder eben einem Besuch im himmlischen Flensburg? Entspannt zurückgelehnt und mit sphärischer Musik im Ohr.

Adresse Menke-Planetarium Glücksburg, Fördestraße 37, 24960 Glücksburg, www.planetarium-gluecksburg.de | **ÖPNV** Bus 21, 1550, Haltestelle Fördelandtherme, von dort aus in Richtung Yachthafen bis zur Fördestraße mit dem Planetarium gehen | **Öffnungszeiten** je nach Vorstellungsbeginn, telefonische Hotline Mo–Do 8–15 Uhr und Fr 8–12.30 Uhr unter 0461/8051273 | **Tipp** Vom Planetarium sind es nur ein paar Schritte zur Ostsee und zum Yachthafen, wo man wunderbar spazieren gehen kann.

GLÜCKSBURG

99 Das Naturschutzgebiet Holnis

Ein Paradies (nicht nur) für Vögel

Das Besondere an diesem kleinen Naturschutzgebiet ist seine Vielfalt. Es zeigt auf engstem Raum, was Schleswig-Holstein an Vegetationsformen zu bieten hat: Steilküsten, Salzwiesen, Noore, Knicks und Sandbänke. Aufbau und Oberfläche der Halbinsel Holnis sind von der letzten Eiszeit – der Weichseleiszeit von 70.000 bis 10.000 vor Christus – geprägt. Damals bedeckte Gletschereis das Gebiet, und durch Vorschieben und Abtauen der Eismassen kamen unterschiedliche Sandarten und Gesteine nach Holnis. Die große Steilküste an der Westseite der Halbinsel hat mit den Jahren ihre Form und Farbe verändert. Doch die schräg verlaufenden Schichten der Sandablagerungen sind immer noch gut zu erkennen. Sie sind wellig angeordnet und deuten auf hohe Strömungsgeschwindigkeiten hin, mit denen der Sand auch heute noch abgetragen wird. Reste einer alten Ziegelei und deren Ausgrabungsflächen beweisen, dass der weichseleiszeitliche Ton zur Ziegelherstellung genutzt wurde.

Die Vielfalt der Natur lockt zahlreiche Vögel in das etwa 400 Hektar große Naturschutzgebiet. Mehr als 130 Arten rasten, nisten und brüten dort. Am auffälligsten für Besucher sind die Wasser- und Seevögel. Der Schilfgürtel der Schöpfwerkbucht ist die Kinderstube von Blessralle und Stockente. Am Strand brüten Austernfischer, Sandregenpfeifer und Küstenseeschwalbe, und die Salzwiese bietet Kiebitzen und Rotschenkeln Schutz. Brandente und Mittelsäger nutzen Kaninchenbauten und Gestrüpp am Fuße der Steilküsten.

Um Tiere und Pflanzen nicht unnötig zu gefährden, werden Besucher gebeten, auf den Wanderwegen zu bleiben. Seit Frühjahr 2017 gibt es eine neue Aussichtsplattform, die einen einzigartigen Blick auf die Salzwiese und den Höftsee ermöglicht. Hier tummeln sich (fast) das ganze Jahr über Gänse, Enten, Kormorane und Schwäne.

Adresse NABU Infocenter, Ziegeleiweg, 24960 Glücksburg-Holnis | **ÖPNV** Bus 1575, Haltestelle Glücksburg-Holnis Bauer Schmidt, oder Bus 1563, Glücksburg-Holnis Wendeplatz | **Tipp** Nur wenige Meter vom Fährhaus Holnis entfernt befinden sich die Reste einer alten Steinmole, von der früher die Fähre nach Dänemark fuhr.

GLÜCKSBURG

100 Das Schloss Glücksburg
Heiraten wie im Märchen

»Gott gebe Glück mit Frieden«, prangt in großen Lettern über dem Eingangsportal – was für ein schöner Wahlspruch für so ein märchenhaftes Schloss wie Glücksburg. Und was für ein Omen für Brautpaare, die sich hier – oder auch anderswo – das Jawort geben. Ausgewählt hat ihn der Erbauer des Schlosses Herzog Johann der Jüngere 1587 als Segen für sein Königshaus. Segensreich war auch seine Kinderschar, denn er hatte 23 (!) Kinder mit zwei Frauen. 14 mit der ersten und neun mit der zweiten. Verewigt hat er sie im Deckengewölbe des Roten Saals, dem Festsaal des Schlosses. Seinen Namen hat der Saal von den roten Tapeten, mit denen er einst ausgekleidet war. In diesem Festsaal wurde schon so manch rauschende Ballnacht gefeiert, was auch heute noch möglich ist. Denn 1922 brachte die Familie Schleswig-Holstein-Sonderburg-Glücksburg das Schloss in eine Stiftung ein, sodass es heute auch für die Öffentlichkeit zugänglich ist: als Museum und als Trauort.

Etwa 300 bürgerliche Paare geben sich jährlich in dem Wasserschloss das eheliche Versprechen. Sie können standesamtlich in einem Turmzimmer heiraten oder kirchlich in der kleinen Kapelle im Untergeschoss des Schlosses. Und im Anschluss daran darf im Roten Saal getanzt werden. Wie die Herzöge und Könige der Familie mit ihren Gästen.

Glücksburg gilt als Wiege der europäischen Königshäuser und Christian IX. als »Schwiegervater Europas«. 1863 wurde er König von Dänemark und brachte seine sechs Kinder sehr geschickt unter die Haube: Sein Sohn Georg zum Beispiel wurde König von Griechenland, seine Tochter Dagmar Zarin von Russland und sein Sohn Alexander König von Großbritannien und Wales, sodass es noch heute verwandtschaftliche Verbindungen zu Prinz William und Herzogin Kate gibt. Allein durch diese Vermählungen wurde Europa zusammengeschweißt. Frei nach dem Wahlspruch: »Gott gebe Glück mit Frieden.«

Adresse Große Straße, 24960 Glücksburg, www.schloss-gluecksburg.de | **ÖPNV** Bus 1574, Haltestelle Glücksburg Central Café | **Tipp** Im ehemaligen Schlossgarten befindet sich heute das Rosarium, in dem alte Rosen gezüchtet und verkauft werden.

GLÜCKSBURG

101_Das Seemannsgrab
Sagenhaftes Holnis

Woher der Name der Halbinsel Holnis stammt, auf der das Seemannsgrab liegt, und seit wann es sie gibt, ist nicht eindeutig geklärt. So soll es bereits im 13. Jahrhundert einen Ort mit dem Namen Holdenesbrotop, also Holnis-Brarup, gegeben haben, wobei Holdenes oder Holdenäs übersetzt so viel bedeutet wie Holz- oder Waldnase. Eine andere Erklärung liefert eine Sage, nach der der Name Holnis auf ein gerade noch verhindertes Schiffsunglück zurückgeht: Eines Tages fuhr Doktor Faust, den manche in der Gegend auch als Teufel bezeichneten, mit seinem Bediensteten Nis in einem gläsernen Schiff auf der Förde, um die Untiefen des Meeres zu erforschen und Seekarten zu zeichnen. Doch der liebe Gott war dem eifrigen Doktor nicht wohlgesonnen und schickte einen heftigen Sturm, der das Schiff am Zugang zum Flensburger Hafen fast zum Kentern brachte. Doktor Faust wurde angst und bange, und so schrie er: »Hol Nis«, denn sein Bediensteter Nis sollte die Segel einholen und das Schiff zum Halten bringen, was ihm schließlich auch gelang. So entkam Doktor Faust der göttlichen Strafe, und auch Nis konnte aufatmen. Seitdem, so die Sage, heißt die dortige Halbinsel Holnis.

Auch die Geschichte des Seemannsgrabes hängt mit einem Unglück an Bord zusammen. Sie geht zurück auf die Zeit des Rum- und Zuckerhandels. Alle Schiffe, die damals von den Westindischen Inseln kamen, mussten 14 Tage in einer Quarantänestation am Nordstrand liegen, bevor sie anlanden durften und die Mannschaft von Bord gehen konnte. Versorgt wurde sie Mitte des 19. Jahrhunderts von einem Quarantänewächter, der die Matrosen mit Lebensmitteln belieferte, selber aber nicht auf das Schiff durfte. Auf einem dieser Segelschiffe befand sich 1850 der an Cholera erkrankte Seemann Peter Thomsen, der während der Quarantänezeit an Bord verstarb. Er wurde in aller Stille am Strand von Holnis beigesetzt.

Adresse 24960 Glücksburg-Bockholm | **ÖPNV** Bus 21, 1563, 1575, Haltestelle Glücksburg-Holnis Bauer Schmidt | **Anfahrt** parken im Wendehammer Holnisser Noorstraße, dann zu Fuß weiter »Zur Salzwiese« bis zum Strand, Grab auf der linken Seite | **Tipp** Vom Seemannsgrab aus geht es nur wenige Meter zurück ins Landesinnere, dort wartet das Fährhaus Holnis von 1824 mit leckeren Torten und einem tollen Blick auf die Förde.

HARRISLEE

102 Der Brunnen
Wasser für alle

Sie kommen mit ihren Gießkannen und Eimern, um Wasser für die Blumen in ihren Gärten zu holen. Manchmal bleiben sie stehen und halten einen Plausch. Für viele Niehuuser ist der Brunnen an der Alten Schule immer noch ein Treffpunkt. Wie früher, als er nicht nur die Gärtner, sondern das ganze Dorf mit Wasser versorgte. Es handelt sich um einen artesischen Brunnen, der das kühle Nass aus einer unterirdischen Quelle von allein, das heißt ohne zusätzliche Pumpen, nach oben drückt, sodass das ganze Jahr über Wasser sprudelt.

Gebaut wurde der Brunnen 1913 zusammen mit der Alten Schule, die damals eigentlich die neue Schule war und errichtet wurde, weil ihre Vorgängerin 1912 abgebrannt war. In der neuen Alten Schule unterrichtete ein Lehrer alle Schüler von der ersten bis zur neunten Klasse gemeinsam. Bis 1967 war die Lehranstalt in Niehuus eine typische Dorfschule mit etwa 25 Kindern. Dann eröffnete die Zentralschule in Harrislee, und die Alte Schule wurde überflüssig. In jeder Klasse der Zentralschule werden bis heute mehr Schüler unterrichtet als in der kleinen Dorfschule in einem ganzen Jahr.

Nachdem der letzte Schüler seine Bücher gepackt hatte und das Lehrmaterial nach Harrislee umgezogen war, wurde das Klassenzimmer für Schulungen der Feuerwehr genutzt. Später feierten die Dorfbewohner hier ihre Feste. Vor ein paar Jahren bekam die Feuerwehr ein neues Gerätehaus und hält seitdem dort ihre Fortbildungen ab.

Die Alte Schule ist heute ein Veranstaltungszentrum, in dem Diavorträge gehalten, Filmabende organisiert und Flohmärkte veranstaltet werden. Einmal im Jahr findet ein Open-Air-Konzert mit etwa 400 Zuschauern statt. Die Musik lockt nicht nur die Leute aus dem Dorf, sondern auch viele Fans aus den umliegenden Gemeinden an. Und wer weiß, vielleicht stillt der eine oder andere seinen Durst nicht nur mit Bier, sondern auch mit Quellwasser aus dem alten Brunnen.

Adresse Idstedt 36, 24955 Harrislee-Niehuus | **ÖPNV** Bus 1538, Haltestelle Niehuus Dorf | **Tipp** Am Ende des Schlossbergs, etwa 500 Meter in Richtung dänische Grenze, liegt das Niehuuser Tunneltal, ein Naturschutzgebiet, das sogar japanische Touristen anlockt.

HARRISLEE

103 Die Burg Niehuus
10.000 Mark Lübsch

Sie stand nicht lange, vermutlich weniger als 100 Jahre, trotzdem war sie in ihrer Zeit von großer Bedeutung: die Burg Niehuus. Sie wurde um 1345 von Graf Nikolaus von Holstein als Wehr- und Zollanlage auf einem aufgeworfenen Hügel als Turmhügelburg direkt am Ochsenweg (siehe Ort 53) errichtet. Der Ochsen- oder Heerweg, wie er in Dänemark genannt wird, führte vom dänischen Viborg bis an die Elbe im schleswig-holsteinischen Wedel. Er war die wichtigste Landverbindung von Nord nach Süd, und viele Reisende nutzten ihn: Pilger, Könige mit ihren Heeren, Fürsten und Bettler, Kaufleute und Viehtreiber, die ihre Ochsen auf dem Viehmarkt in Wedel verkauften.

Die Stelle der Burg wählte Graf Nikolaus strategisch günstig am südlichen Ufer der Krusau, die hier eine Furt bildete, durch die die Reisenden hindurchmussten. Die Anlage diente als Zollstation, von der aus der jütländische Handel mit Flensburg und Angeln kontrolliert und besteuert wurde. Zolllisten aus dieser Zeit belegen, dass in den Jahren um 1400 zwischen 7.000 und 9.000 Ochsen jährlich die Zollstelle in Niehuus passierten.

Die Burg »Nygenhus« entsprach nicht den heutigen Vorstellungen eines großen, prachtvollen Schlosses, sondern es handelte sich dabei um eine kleinere Wehranlage. Dennoch war sie in Verbindung mit Wällen, Schanzen und einem Vorwerk in der Lage, einen feindlichen Durchzug abzuwehren und die Stadt Flensburg vor dem Bau der Duburg von Norden her zu schützen. Doch die Turmhügelburg stand nicht lange. Im Jahr 1409 wurden die Holsteiner Grafen genötigt, die Anlage als Ausgleich für Kriegsschäden für 10.000 Mark Lübsch, der Währung der Hansestädte, an König Erich von Pommern zu verpfänden. Kurze Zeit später wurde sie dem Erdboden gleichgemacht. Übrig geblieben sind heute noch ein kleiner Hügel, auf dem die Anlage stand, und der Name des Dorfes Niehuus, der auf die Burg »Nygenhus« zurückgeht.

Adresse Schloßberg, 24955 Harrislee-Niehuus | **ÖPNV** Bus 1538, Haltestelle Niehuus Dorf, den Schlossberg dorfauswärts laufen bis kurz vor der Grenze zu Dänemark, bis man linker Hand zum ehemaligen Standort der Burg Niehuus kommt | **Tipp** Kurz hinter der alten Brücke auf dänischer Seite haben Archäologen ein Stück der Originalpflasterung des Ochsenweges freigelegt. Hier kann man sich gut vorstellen, wie die Fuhrwerke damals den Weg entlangrumpelten.

HARRISLEE

104 Der Fledermauswald
Schwalben der Nacht

Verwandte des Teufels nannte man sie früher, blutrünstige Vampire und Boten des Bösen. Dabei sind Fledermäuse alles andere als gefährlich und leben ganz friedlich in unseren Wäldern. Wenn man sie lässt. So wie im Fledermauswald im Niehuuser Tunneltal, nicht weit von der dänischen Grenze. Die etwa sechs Hektar große Fläche wurde 2012 von der schleswig-holsteinischen Schrobach-Stiftung gekauft und »stillgelegt«, das heißt abgeknickte Äste oder vom Sturm umgefallene Bäume blieben als Totholz liegen und bildeten neuen Lebensraum für Tiere und Pflanzen.

Der Wald aus bis zu 120 Jahre alten Buchen, Eschen und Eichen ist ein perfekter Wohnort für Fledermäuse. Sie nutzen hohle Bäume, verlassene Spechthöhlen oder Holzspalten als Schlafquartiere, als Wochenstube und zur Aufzucht ihrer Jungen. Die Flugkünstler sind nachtaktiv und auf die Jagd im Dunkeln spezialisiert. Um nicht gegen Bäume zu fliegen, stoßen sie kurze Ultraschalllaute aus, die als Echo zurückkommen und die Entfernung zu den Hindernissen angeben. Dabei wirken ihre großen Ohren wie Radarschirme. Auf diese Weise orten sie auch Insekten wie Mücken, Schnaken, Fliegen und Schmetterlinge, die sie im Flug fangen. Fledermäuse werden deshalb auch die Schwalben der Nacht genannt.

Seit einigen Jahren verschlechtern sich die Lebensbedingungen für unsere heimischen Fledermäuse, sodass sie auf der Roten Liste der zu schützenden Arten stehen. Intensiv genutzte Wiesen, Wälder und Felder schränken das Angebot an geeigneten Quartieren und Nahrung gewaltig ein. Der Zuwachs an Windkraftanlagen kostet immer mehr Fledermäuse das Leben, und die Sanierung von alten Gebäuden macht sie obdachlos.

Kleiner Abendsegler, Braunes Langohr und Mückenfledermaus: 15 Fledermausarten leben in Schleswig-Holstein, acht von ihnen inzwischen auch im Fledermauswald im Niehuuser Tunneltal. Wenn man sie auch in Zukunft lässt.

Adresse Dammweg, 24955 Harrislee-Wassersleben | **ÖPNV** Bus 1, 2, Haltestelle Wassersleben Kupfermühle/Abzweigung | **Tipp** Wer genug vom Wald hat und zurück ans Wasser möchte: In Wassersleben gibt es einen kleinen, aber feinen Strand.

HARRISLEE

105 Der Gendarmstien
Historischer Wanderweg

Der Gendarmstien ist ein 74 Kilometer langer Wanderweg von Padborg bis nach Høruphav, der an der Grenze zwischen Deutschland und Dänemark verläuft. Seinen Namen hat er von den dänischen Grenzgendarmen, die hier bis in die 1950er Jahre patrouillierten.

Das Wort »Gendarm« lässt sich auf das französische »gens d'armes« zurückführen, was übersetzt »bewaffnete Männer« bedeutet. Die französischen Gendarmen waren Elitesoldaten und im 15. Jahrhundert Leibwächter des Königs, später auch Unterstützer der Polizei. Die dänische Grenzgendarmerie wurde 1839 gegründet, um die Zollbeamten an der Grenze des Herzogtums entlang der Elbe zu schützen. Nach dem Deutsch-Dänischen Krieg 1864 verlief die dänische Grenze weiter nördlich entlang des Flusses Kongeån, und die Gendarmerie wurde nach Norden versetzt. Als Ergebnis der Volksabstimmung 1920 zogen die Grenzer wieder in Richtung Süden an die noch heute geltende Grenze.

Der Gendarmstien führt unter anderem an der schönen Seemannskirche von Egernsund vorbei, die 1909 mit Steinen aus der Region errichtet wurde. Die Ziegel kamen aus den örtlichen Ziegeleien, die seit dem Mittelalter in ganz Nordeuropa bekannt waren. Als Kopenhagen 1728 niederbrannte, wurden viele der Häuser mit den sogenannten »Flensburger Steinen« wieder aufgebaut. Noch bis in die Mitte des 20. Jahrhunderts haben Arbeiter den Ton mit der Hand ausgegraben und bearbeitet. In Cathrinesminde erinnert heute ein Ziegeleimuseum an die harte Arbeit von damals.

Die Grenzsoldaten erlebten auf ihren Patrouillen durchaus auch friedliche Zeiten, konnten dann sogar die abwechslungsreiche Landschaft genießen, die den historischen Pfad auch heute noch so attraktiv macht.

1958 übernahm die Polizei die Grenzkontrollen, und das Gendarmenkorps wurde nach mehr als 100 Jahren aufgelöst und Geschichte – eine, an die bis heute der Gendarmstien erinnert.

Adresse Dammweg, 24955 Harrislee-Wassersleben | **ÖPNV** Bus 1, Haltestelle Wassersleben Kupfermühle/Abzweigung, hinter der Schule links in den Dammweg einbiegen und dem Weg immer geradeaus bis zur Schusterkate folgen | **Tipp** Man kann es zwar nur von außen besichtigen, aber das Schloss Gråsten, die Sommerresidenz des dänischen Königshauses, ist unbedingt einen Besuch wert (Slotsbakken, 6300 Gråsten, Dänemark).

HARRISLEE

106_ Die Grenzbrücke
Von Schmugglern und Zöllnern

Sie ist die einzige Brücke, die Deutschland und Dänemark verbindet. Und man kann sie nur zu Fuß oder mit dem Fahrrad überqueren: die hölzerne Brücke am Grenzübergang Schusterkate. Bis 1958 patrouillierten an dieser Stelle dänische Zöllner und hielten Ausschau nach deutschen Schmugglern, die versuchten, Zigaretten und Schnaps ins Land zu bringen. Ohne dafür Zoll zu zahlen, versteht sich. Dabei war der Zoll über Jahrhunderte eine der wichtigsten Einnahmequellen Dänemarks. Die Patrouillen erfolgten zu Fuß. Jeder Gendarm war für einen bestimmten Streckenabschnitt verantwortlich. Kontrolliert wurden Schiffe auf der Ostsee und manchmal auch harmlose Bürger, die bei Schnee und Eis mit Langlaufskiern unterwegs waren und vom Kurs abkamen.

Der Kollunder Wald, der gleich hinter der Brücke auf dänischer Seite beginnt, war schon immer ein beliebtes Ausflugsziel der Flensburger. 1883 kaufte ihn die Stadt Flensburg, um ihn den Bürgern als Naherholungsgebiet zu sichern. Um den Zugang zum Wald zu erleichtern, baute man 1912 einen Damm über die Bucht, und es entstand die Idee, dort ein Villenviertel zu errichten. Es wurde jedoch nur ein Gebäude gebaut, die Schusterkate oder das »Skomagerhus«, wie es auf Dänisch heißt, dann ging das Geld aus. Die Kate gibt es nicht mehr, aber sie ist bis heute Namensgeberin des Grenzübergangs. Der Wald gehört inzwischen dänischen Privatleuten.

Bis zum Beitritt Dänemarks zum Schengener Abkommen war der Grenzübergang nur saisonal geöffnet. Seit 2001 können Fußgänger und Radfahrer hier ganzjährig die Grenze passieren, müssen aber – wie an jeder anderen Grenze auch – einen Personalausweis oder Reisepass mitführen. 280 Grenzsteine markieren den Verlauf der deutsch-dänischen Grenze, zwei davon stehen an der Brücke, einer auf deutscher und einer auf dänischer Seite. Der Grenzübergang Schusterkate ist einer der kleinsten Grenzübergänge Europas.

Adresse Grenzübergang Schusterkate, Dammweg, 24955 Harrislee-Wassersleben | **ÖPNV** Bus 1, Haltestelle Wassersleben Kupfermühle / Abzweigung, hinter der Schule links in den Dammweg einbiegen und dem Weg immer geradeaus bis zur Schusterkate folgen | **Tipp** Noch ein Stück hinter der Grenzbrücke liegt auf dänischer Seite die legendäre Hotdog-Bude »Annies Kiosk« (Fjordvejen 67, 6340 Kruså). Auch wenn Annie inzwischen verstorben ist, zählen die Hotdogs immer noch zu den besten.

HARRISLEE

107 Die Kupfermühle
Ein Stück Industriegeschichte

Das alte Wasserrad plätschert, treibt das Hammerwerk unermüdlich an. Schlag um Schlag werden Kupfer und Messing bearbeitet. So wie im 17. und 18. Jahrhundert, als die »Kupfer- und Messingfabrik Crusau« eine der größten Fabrikationsstätten Dänemarks war. Gegründet wurde sie um 1600 vom dänischen König Christian IV., der gleichzeitig auch Herzog von Schleswig und Holstein war. An ihn erinnert eine Büste am Turmgebäude.

Kerzenleuchter, Wasserkessel, Bettwärmer und Kaffeekannen, die heute als teure Antiquitäten gelten, wurden in der Kupfermühle für den täglichen Bedarf produziert. Genauso wie Material für die Dächer der königlichen Schlösser und für den Aufbau der dänischen Kriegsflotte. Denn Kupfer oxidiert zwar, aber es rostet nicht, sodass der Rumpf von Holz- oder Kompositschiffen zum Schutz gegen Bohrwürmer, Algen und Muschelbewuchs mit einer »Kupferhaut« beschlagen wurde.

Um das Hammerwerk herum entwickelte sich eine kleine Arbeitersiedlung, die bis heute erhalten ist und in der sich immer noch Wohnungen befinden. Das prächtige Wohnhaus des Fabrikbesitzers Hilmar von Lutten steht unter Denkmalschutz.

Im Laufe der Jahrhunderte wurde die Kupfermühle mehrmals durch Feuer und Krieg zerstört, aber immer wieder an gleicher Stelle aufgebaut. Die Bedingungen waren zu günstig: Die zu Mühlenteichen gestaute Krusau und das natürliche Gefälle des Geländes ermöglichten die Nutzung des Wassers zum Antrieb der Maschinen. Vom nahen Flensburger Hafen konnten Kupfererze aus Norwegen und Schweden auf kurzem Weg zur Fabrik transportiert werden, und die Produkte der Mühle wurden von hier bis nach Südostasien verschifft. 1962 schloss die Fabrik ihre Tore, Kupfer und Messing verschwanden zunehmend aus der Produktion. Heute ist die Kupfermühle ein Museum, das erst kürzlich mit 1,7 Millionen Euro saniert wurde: zum Erhalt eines wichtigen Stückes Industriegeschichte.

Adresse Messinghof 3, 24955 Harrislee-Kupfermühle, www.industriemuseum-kupfermühle.de | **ÖPNV** Bus 1, Haltestelle Wassersleben Kupfermühle/Abzweigung, der Beschilderung zum Museum folgen | **Öffnungszeiten** Mai–Okt. Mi–So 13–17 Uhr, aktuelle Sonderöffnungszeiten im Winter siehe Webseite | **Tipp** An der Mühle gibt es eine Fischtreppe, die unter anderem Meeresforellen nutzen, um die Krusau hinaufzugelangen.

KRUSÅ (DÄNEMARK)

108 Abrahams Quelle
Die Geschichte vom zerbrochenen Becher

Nein, diese Quelle befindet sich nicht im Gelobten Land, dem heutigen Israel, durch das Abraham einst wanderte. Sie liegt vielmehr im deutsch-dänischen Grenzwald, mitten im idyllischen Krusautal. Das Wasser hat das ganze Jahr über eine Temperatur von erfrischenden acht Grad und quillt durch eine kreisrunde Öffnung, die allerdings nachträglich bearbeitet ist. Es sprudelt mit 30 Litern pro Stunde, was ganz schön viel ist.

Der Legende nach soll das Wasser heilende Kräfte besitzen. Einer, der davon regelmäßig getrunken haben soll, war Ansgar, der Erzbischof von Hamburg-Bremen. Der »Apostel des Nordens«, wie er auch genannt wird, sollte im 9. Jahrhundert von Hamburg aus Dänemark und Skandinavien missionieren. Und auf seinen Reisen dorthin machte er regelmäßig an dieser Quelle halt, die so etwas wie eine frühmittelalterliche Kur- und Wellnessanlage war. Um die gesamte Heilkraft zu nutzen, reichte es jedoch nicht aus, das Wasser nur zu trinken, sondern es bedurfte eines Rituals. Der Legende nach musste man das Wasser bei Sonnenaufgang in einem Zug aus einem Becher austrinken und diesen dann hinter sich werfen. Nur wenn der Becher dabei zerbrach, brachte das Wasser die ersehnte Gesundheit und Heilung.

Heute weiß man, dass die Quelle sehr eisenhaltig ist und das Eisen vermutlich eine wichtige Ergänzung zur mangelhaften Ernährung im Mittelalter war. Becher heißt im Dänischen übrigens »krus«, sodass diese Geschichte gleichzeitig auch noch eine mögliche Erklärung für den Namen des Baches liefert, der durch das Tal fließt: die Krusau. Warum die Quelle Abrahams Quelle heißt, ist nicht überliefert. Ein fleißiger Quelltrinker versuchte es mit folgender Erklärung: Abraham wird oft als »Vater aller, die glauben«, bezeichnet, und durch den Glauben wird geistiger Durst gestillt. Und durch diese Quelle kann jeder seinen Durst stillen. Noch eine schöne Geschichte.

Adresse Madeskovvej, auf halber Strecke zwischen Kupfermühle und Grenzübergang Schusterkate auf dänischer Seite, DK-6340 Kruså | **ÖPNV** Bus 1, 2, Haltestelle Wassersleben Kupfermühle / Abzweigung, der Beschilderung zur Kupfermühle folgen, durch den Ort gehen und nach dem Grenzübergang dem ausgeschilderten Wanderweg »Gendarmstien« folgen, Abrahams Quelle liegt etwa auf halber Strecke zur Schusterkate | **Tipp** Die Quelle liegt im Kollunder Wald, der vor allem im östlichen Teil mit seinen Schluchten und dem Blick auf die Förde landschaftlich sehr reizvoll ist.

LANGBALLIG

109 Das Museumsdorf Unewatt

»U, ne watt is dat hier doch scheun!«

Auf den ersten Blick ist Unewatt ein ganz normales Dorf. Mit 69 Einwohnern, einer Tischlerei, einer Tierarztpraxis, einem Gasthof und vielen Bauernhäusern. Und doch ist es anders. Denn Unewatt ist auch ein Museum. Mittendrin steht das Marxenhaus, ein typisches Angeliter Fachhallenhaus von 1626, das einst in Süderbrarup gebaut wurde und das den Grundstein für das Landschaftsmuseum Angeln legte. Im Gegensatz zu anderen Freilichtmuseen, in denen Häuser oder Scheunen aus größeren Regionen abgetragen und auf einem begrenzten Areal wieder aufgebaut wurden, gibt es im Museumsdorf Unewatt viele Gebäude, die hier schon seit mehr als 100 Jahren stehen. So wie die Galerieholländermühle »Fortuna« von 1878. Bei der Eröffnung des Museums 1993 war sie allerdings noch eine Ruine und musste erst aufwendig restauriert werden. Seit 1996 drehen sich ihre Flügel wieder im Wind, und an Veranstaltungstagen wird auch wieder Korn gemahlen.

Bei einem Rundgang können Besucher an fünf Stationen, sogenannten Museumsinseln, den Spuren des alten bäuerlichen Lebens nachgehen. Die alte Buttermühle in der Unewatter Straße wurde früher von einer Wassermühle angetrieben, sodass hier zwischen 1862 und 1920 Milch zu Butter und Käse verarbeitet wurde. Und die für Angeln so typische Winkelscheune von 1895 wird heute als Ausstellungshalle für Landmaschinen und technische Geräte genutzt.

Ein Museum mit Dorf und ein Dorf mit Museum, so könnte man Unewatt wohl am besten beschreiben. Nicht nur das Dorf, sondern auch der Name ist ungewöhnlich. Dafür gibt es eine schöne Erklärung: Als der liebe Gott seine Schöpfung begutachtete, kam er auch in das idyllische Tal der Langballigau. Einen Moment verweilend, sah er sich um und sagte in fließendem Plattdeutsch: »U, ne watt is dat hier doch scheun!« Von diesem Ausspruch blieb der Name »Unewatt« erhalten. Der Ortsname ist sozusagen gottgegeben.

Adresse Unewatter Straße 1a, 24977 Langballig-Unewatt, www.museum-unewatt.de | **ÖPNV** Bus 1605, Haltestelle Unewatt Nordstraße | **Tipp** In der Unewatter Straße 8 befindet sich das Landhaus Unewatt, und auch bei dieser Gaststätte fragt man sich: Gehört sie zum Dorf oder zum Museum?

110 Der Gedenkstein
Meilenstein im Straßenbau

Sie war ein Meilenstein im Straßenbau: die neue Bundesstraße 199 zwischen Flensburg und Kappeln. Am 26. März 1954 durchschnitt der damalige Ministerpräsident Friedrich Wilhelm Lübke unter großer Anteilnahme der Öffentlichkeit das weiße Band und gab die 46 Kilometer lange Strecke für den Verkehr frei. Eine Zeitung schwärmte damals von der »neuzeitlichsten Betonstraße neben den Autobahnen«, und dem Ministerpräsidenten wurde zur Einweihung am Rastplatz Munkbrarup ein Gedenkstein gewidmet.

Die B 199 ersetzte die zuvor eingestellte Kleinbahn (siehe Ort 2) und erhielt den Namen »Nordstraße«, weil sie eines der Projekte im »Programm Nord« war. Das Programm wurde Anfang der 1950er Jahre von der Landesregierung ins Leben gerufen, um die regionale Infrastruktur zu verbessern.

In einer Chronik heißt es über die neue Straße: »Der Bau wurde akut, als man feststellen musste, dass sich der Verkehr auch in Angeln immer mehr von der Schiene auf die Straße verlagerte. Die Flensburger Kreisbahn bekam das sehr deutlich zu spüren. Die Einnahmen für den Personen- und Güterverkehr wurden immer geringer, und die Unterhaltungskosten stiegen. So beschloss die Kreisverwaltung, die Kleinbahn aufzugeben und die Betonstraße zu bauen. Ihre Linienführung folgt daher in großen Zügen dem Streckenverlauf der alten Kreisbahn.«

Die Gesamtkosten der Nordstraße beliefen sich auf mehr als 20 Millionen Mark. Für den laufenden Kilometer berechnete man in den 1950er Jahren etwa eine halbe Million Mark. Die Straße verschlang 80.000 Kubikmeter Beton, die etwa 1.200 Arbeiter herstellten, auftrugen und planierten. Neben dem Betonstreifen der Straße zog sich von Anfang an ein Fuß- und Radweg durch das landschaftlich schöne Angeln. Und obwohl die »längste Betonstraße im Bundesgebiet« – abgesehen von Autobahnen – vorwiegend dem Berufsverkehr dient, nutzen sie heute auch viele Touristen.

Adresse Nordstraße/Toft, 24960 Munkbrarup | **ÖPNV** Bus 1605, Haltestelle Munkbrarup Abzweig Rüde | **Tipp** Nur einen Katzensprung vom Gedenkstein entfernt drehen sich auch heute noch die Flügel der alten Windmühle »Hoffnung«. Regelmäßig finden dort Führungen und Veranstaltungen statt (Auberg 6, www.muehle-hoffnung.de).

PADBORG (DÄNEMARK)

111 Der Bommerlunder Stein
Ein Erfolgsrezept für 40.000 Goldmark

»Die ganze Welt ist kugelrund, und mittendrin liegt Bommerlund.« So sah es wohl vor gut 250 Jahren der Gastwirt Peter Schwennesen aus Bommerlund. Denn seine Gastwirtschaft am alten Ochsenweg (siehe Ort 53), nur wenige Kilometer nördlich von Flensburg auf dänischer Seite, war zu seiner Zeit eine kleine Berühmtheit. Und das lag in erster Linie am Bommerlunder, dem Aquavit mit der feinen Anisnote. Seiner Hilfsbereitschaft verdankte es »der ehrliche Schwennesen«, dass er in den Besitz des geheimen Bommerlunder-Rezeptes kam. Und einem Zufall.

Es ist die Zeit des Siebenjährigen Krieges, als sich ein verwundeter französischer Soldat 1760 in den Dorfkrug rettet. Schwennesen nimmt den Reiter auf und pflegt ihn gesund. Aus Dankbarkeit und weil er nicht genügend Geld für Kost und Logis hat, bietet der Franzose dem Wirt ein vergilbtes Schnapsrezept an, »welches Ihr nirgendwo besser findet«. Der akzeptiert den Handel und erhält so jenes Rezept, das später hohen Gewinn bringen wird. Der Wirt bekommt das königliche Privileg zum Schnapsbrennen und destilliert am 27. Juni 1760 den ersten Kümmelschnaps – benannt nach seinem Heimatort Bommerlund.

Als der Wirt stirbt, übernimmt Hans Bendixen Möller, der Gründer der Spirituosenhandlung Marcus Bendixen Möller, den Krug und das Bommerlunder-Rezept. Doch mit dem Eisenbahnbau bleiben die Gäste aus, und sein Sohn verlegt die Schnapsbrennerei erst nach Søgård und 1886 nach Flensburg in den Kaufmannshof (siehe Ort 37). Hier wird der Bommerlunder zum Exportschlager, sogar in Amerika kennt man ihn. Als Marcus Bendixen stirbt und der Verwalter in die eigene Tasche wirtschaftet, verkauft seine Witwe 1911 das Erfolgsrezept des Bommerlunders für 40.000 Goldmark an die Spirituosenfirma Dethleffsen. Die Firma Dethleffsen ist es auch, die 1960 den Bommerlunder Stein aufstellt, genau dort, wo früher der Gasthof von Peter Schwennesen stand.

Adresse Hærvejen, DK-6330 Padborg | **Anfahrt** von Padborg den Hærvejen nach Norden, kurz vor Gejlå Parkplatz auf der linken Seite, Stein von dort bereits zu sehen | **Tipp** Wer den kleinen Weg parallel zum Hærvejen ein Stück weiterläuft, kommt erst an eine alte Schule und dann an die Gejlå Bro, eine der wenigen noch vorhandenen Steinbrücken auf dem historischen Ochsenweg.

DÄNEMARK

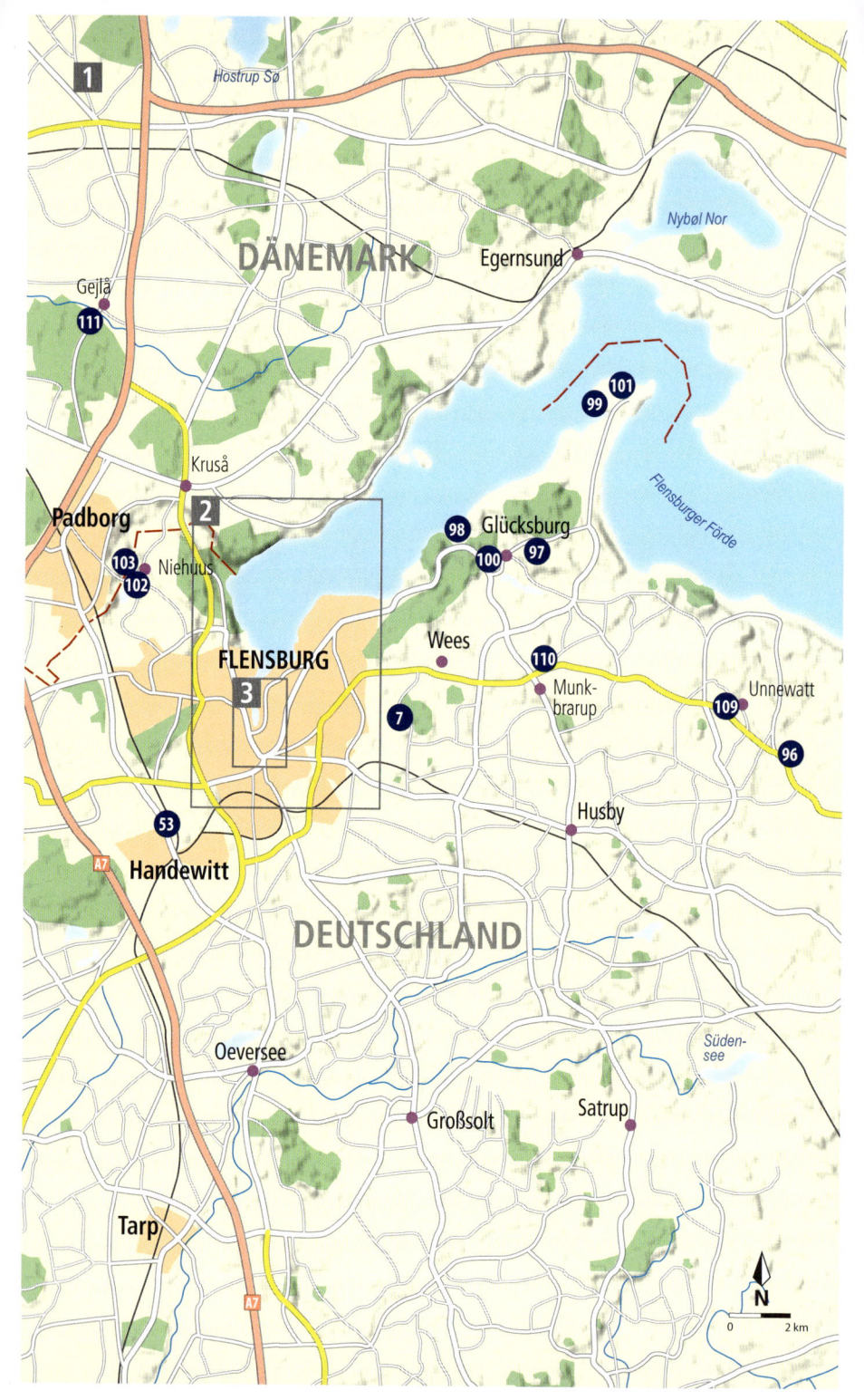

Hostrup Sø
Nybøl Nor
Gejlå
111
Egernsund
Flensburger Förde
99 **101**
Kruså
Padborg
2
98 Glücksburg
103 **100** **97**
102 Niehuus
Wees
FLENSBURG **110**
3 Munk-
brarup Unnewatt
7 **109**
53 **96**
Handewitt Husby

DEUTSCHLAND

Süden-
see
Oeversee
Großsolt Satrup

Tarp

N
0   2 km

2
Kruså
Kollund
Kollund Skov
Kupfermühle
Wassersleben
Klueser Wald
Flensburger Förde
Solitüde
Klues
Ostseebad
Sonwik
Mürwik
Twedter Feld
Ramsharde
Kielseng
Volkspark
Blasberg
Fruerlund
Kauslund-Osterfeld
Duburg
3
Marienhözung
Engelsby
FLENSBURG
Jürgensby
Falkenberg
Westliche Höhe
Tarup
Friesischer Berg
Sünderup
Sandberg
Rude
Tastrup
N
0
450 m
108
107
105
104
106
38
22
73
64
18
75
72
43
4
58
42
87
47
74
31
3
65
16
86
8
93
82
90
34
79
28
78
48

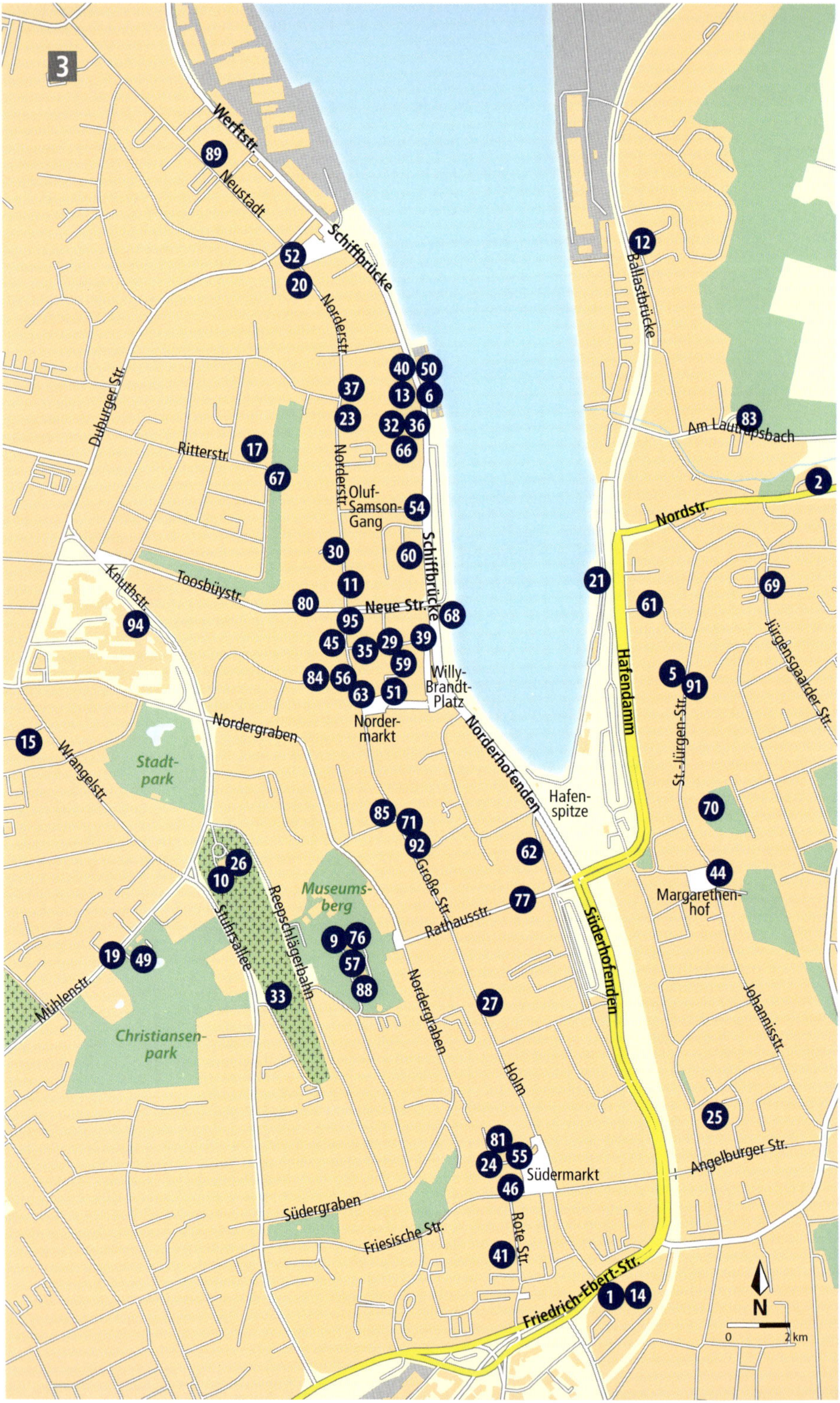
3
Werftstr.
Neustadt
Schiffbrücke
Norderstr.
Duburger Str.
Ritterstr.
Oluf-Samson-Gang
Toosbüystr.
Knuthstr.
Neue Str.
Willy-Brandt-Platz
Nordergraben
Nordermarkt
Norderhofenden
Hafenspitze
Ballastbrücke
Am Lautrupsbach
Nordstr.
Hafendamm
St.-Jürgen-Str.
Jürgensgaarder Str.
Margarethenhof
Wrangelstr.
Stadtpark
Museumsberg
Große Str.
Rathausstr.
Südermarkt
Süderhofenden
Stuhrsallee
Reepschlägerbahn
Mühlenstr.
Christiansenpark
Holm
Johannisstr.
Angelburger Str.
Südergraben
Friesische Str.
Rote Str.
Friedrich-Ebert-Str.
N
0
2 km

Dorothee Fleischmann,
Carolina Kalvelage
111 Orte in Budapest, die man gesehen haben muss
ISBN 978-3-95451-744-2

Ursula Kahl
111 Orte im Aargau, die man gesehen haben muss
ISBN 978-3-95451-537-0

Christian Löhden
111 Orte in Graubünden, die man gesehen haben muss
ISBN 978-3-95451-514-1

Oliver Schröter, Falk Saalbach
111 Orte in Zürich, die man gesehen haben muss
ISBN 978-3-95451-538-7

Cornelia Lohs
111 Orte in Bern, die man gesehen haben muss
ISBN 978-3-95451-669-8

Giulia Castelli Gattinara, Mario Verin
111 Orte in Mailand, die man gesehen haben muss
ISBN 978-3-95451-617-9

Cornelia Ziegler, Chris Sindermann
111 Orte auf Kreta, die man gesehen haben muss
ISBN 978-3-95451-540-0

Dorothee Fleischmann, Carolina Kalvelage
111 Orte an der Costa Brava, die man gesehen haben muss
ISBN 978-3-95451-561-5

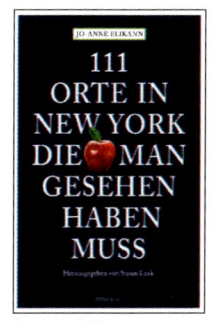

Jo-Anne Elikann
111 Orte in New York, die man gesehen haben muss
ISBN 978-3-95451-512-7

Ralf Nestmeyer
111 Orte an der Côte d'Azur, die man gesehen haben muss
ISBN 978-3-95451-563-9

Uwe Ramlow
111 Orte im Tessin, die man gesehen haben muss
ISBN 978-3-95451-840-1

Marion Rapp
111 Schätze der Natur rund um den Bodensee, die man gesehen haben muss
ISBN 978-3-95451-619-3

Gerd Wolfgang Sievers
111 Orte in Venedig, die man gesehen haben muss
ISBN 978-3-95451-352-9

Dietlind Castor
111 Orte am Bodensee, die man gesehen haben muss
ISBN 978-3-95451-063-4

Gerald Polzer, Stefan Spath, Pia Claudia Odorizzi von Rallo
111 Orte im Salzkammergut, die man gesehen haben muss
ISBN 978-3-95451-231-7

Peter Eickhoff, Karl Haimel
111 Orte in Wien, die man gesehen haben muss
ISBN 978-3-89705-969-6

Christiane Bröcker, Babette Schröder
111 Orte in Stockholm, die man gesehen haben muss
ISBN 978-3-95451-203-4

Marcus X. Schmid, Michel Riethmann
111 Orte in Luzern und rund um den Vierwaldstättersee, die man gesehen haben muss
ISBN 978-3-95451-917-0

Dorothee Fleischmann,
Carolina Kalvelage
111 Orte in Budapest, die man gesehen haben muss
ISBN 978-3-95451-744-2

Ursula Kahi
111 Orte im Aargau, die man gesehen haben muss
ISBN 978-3-95451-537-0

Christian Löhden
111 Orte in Graubünden, die man gesehen haben muss
ISBN 978-3-95451-514-1

Oliver Schröter, Falk Saalbach
111 Orte in Zürich, die man gesehen haben muss
ISBN 978-3-95451-538-7

Cornelia Lohs
111 Orte in Bern, die man gesehen haben muss
ISBN 978-3-95451-669-8

Giulia Castelli Gattinara,
Mario Verin
111 Orte in Mailand, die man gesehen haben muss
ISBN 978-3-95451-617-9

Cornelia Ziegler,
Chris Sindermann
111 Orte auf Kreta, die man gesehen haben muss
ISBN 978-3-95451-540-0

Dorothee Fleischmann,
Carolina Kalvelage
111 Orte an der Costa Brava, die man gesehen haben muss
ISBN 978-3-95451-561-5

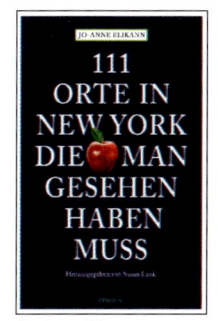

Jo-Anne Elikann
111 Orte in New York, die man gesehen haben muss
ISBN 978-3-95451-512-7

Ralf Nestmeyer
111 Orte an der Côte d'Azur, die man gesehen haben muss
ISBN 978-3-95451-563-9

Uwe Ramlow
111 Orte im Tessin, die man gesehen haben muss
ISBN 978-3-95451-840-1

Marion Rapp
111 Schätze der Natur rund um den Bodensee, die man gesehen haben muss
ISBN 978-3-95451-619-3

Gerd Wolfgang Sievers
111 Orte in Venedig, die man gesehen haben muss
ISBN 978-3-95451-352-9

Dietlind Castor
111 Orte am Bodensee, die man gesehen haben muss
ISBN 978-3-95451-063-4

Gerald Polzer, Stefan Spath, Pia Claudia Odorizzi von Rallo
111 Orte im Salzkammergut, die man gesehen haben muss
ISBN 978-3-95451-231-7

Peter Eickhoff, Karl Haimel
111 Orte in Wien, die man gesehen haben muss
ISBN 978-3-89705-969-6

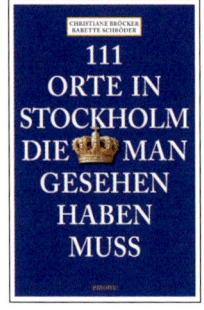

Christiane Bröcker, Babette Schröder
111 Orte in Stockholm, die man gesehen haben muss
ISBN 978-3-95451-203-4

Marcus X. Schmid, Michel Riethmann
111 Orte in Luzern und rund um den Vierwaldstättersee, die man gesehen haben muss
ISBN 978-3-95451-917-0

Rike Wolf
111 Orte in Hamburg, die man gesehen haben muss
ISBN 978-3-89705-916-0

Rüdiger Liedtke
111 Orte auf Mallorca, die man gesehen haben muss
ISBN 978-3-89705-975-7

Lucia Jay von Seldeneck, Verena Eidel, Carolin Huder
111 Orte in Berlin, die man gesehen haben muss
ISBN 978-3-89705-853-8

Rüdiger Liedtke
111 Orte in München, die man gesehen haben muss
ISBN 978-3-89705-892-7

Lucia Jay von Seldeneck, Verena Eidel, Carolin Huder
111 Orte in Berlin, die man gesehen haben muss
Band 2
ISBN 978-3-95451-207-2

Silvia Schaub
111 Orte im Engadin, die man gesehen haben muss
ISBN 978-3-7408-0115-1

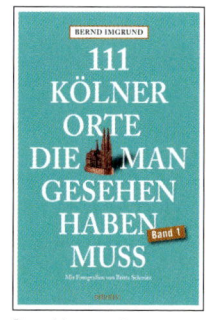

Bernd Imgrund, Britta Schmitz
111 Kölner Orte, die man gesehen haben muss
Band 1
ISBN 978-3-89705-618-3

Bernd Imgrund, Britta Schmitz
111 Kölner Orte, die man gesehen haben muss
Band 2
ISBN 978-3-89705-695-4

Mercedes Korzeniowski-Kneule
111 Orte in Basel, die man gesehen haben muss
ISBN 978-3-95451-702-2

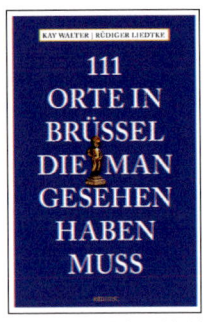

Kay Walter, Rüdiger Liedtke
111 Orte in Brüssel, die man gesehen haben muss
ISBN 978-3-7408-0128-1

Silvia Götschi
111 Orte im Kanton Schwyz, die man gesehen haben muss
ISBN 978-3-7408-0116-8

Dorothea Steinbacher
111 Orte im Chiemgau und im Rupertiwinkel, die man gesehen haben muss
ISBN 978-3-7408-0131-1

Beate C. Kirchner, Jorge Vasconcellos
111 Orte in Rio de Janeiro, die man gesehen haben muss
ISBN 978-3-95451-843-2

Jochen Reiss
111 Orte in Nordfriesland, die man gesehen haben muss
ISBN 978-3-95451-627-8

Dorothea Steinbacher
111 Orte im Chiemgau, die man gesehen haben muss
ISBN 978-3-95451-338-3

Lust auf mehr? Laden Sie sich die »LChoice«-App runter, scannen Sie den QR-Code und bestellen Sie weitere Bücher direkt in Ihrer Buchhandlung.

LChoice
Hier bestellen

Literaturverzeichnis

Arbeitsgemeinschaft 125 Jahre Eisenbahn in Flensburg (Hg.): 125 Jahre Eisenbahn in Flensburg, Freiburg 1979.

Buttler, Adrian von, und Meyer, Marion (Hg.): Historische Gärten in Schleswig-Holstein, Heide 1996.

Gesellschaft für Flensburger Stadtgeschichte e.V.: Flensburg in Bild und Wort – Von den Anfängen bis zum 20. Jahrhundert, Flensburg 2003.

Glüsing, Jutta: Die Flensburger Rum & Zucker Meile, Flensburger Schifffahrtmuseum (Hg.), Flensburg 2009.

Hillmann, Jörg und Scheiblich, Reinhard: Das rote Schloß am Meer – Die Marineschule Mürwick seit ihrer Gründung, Convent Verlag, Hamburg 2002.

Hubrich-Messow, Gundula: Sagen und Märchen aus Flensburg, Informationsblätter des Förderkreises Christiansenpark e.V. zum Thema Spiegelgrotte, Husum 1992.

Messerschmidt, Thomas und Schwensen, Broder: Ein schöner Garten Gottes – 200 Jahre Alter Friedhof in Flensburg, Flensburg 2013.

Nowc, Gerhard: Trauriges Ende für die kleine Bahn, in: Flensburger Tageblatt vom 18. August 2015.

Nowc, Gerhard: Flensburg gibt Gas! – Geschichten und Anekdoten aus der alten Fördestadt, Band 2, Wartberg Verlag, Gudensberg 2007.

Oeding, Andreas, Schwensen, Broder und Sturm, Michael (Hg.): Flexikon – 725 Aha-Erlebnisse aus Flensburg, Flensburg 2009.

Pantléon, Thomas: Chronik – 650 Jahre Gemeinde Harrislee 1352–2002, Harrislee 2002.

Poulsen, Bjørn und Schulte-Wüwer, Ulrich (Hg.): Der Idstedt-Löwe – Ein nationales Denkmal und sein Schicksal, Herning 1993.

Pust, Dieter: Flensburgs Straßennamen, Kleine Reihe der Gesellschaft für Flensburger Stadtgeschichte, Heft 19, Flensburg 1990.

Raube, Wolfgang und Kerschek, Siegfried: Der Oluf Samsons Gang – Eine Straße mit Vergangenheit, Husum 1984.

Rohling, Ludwig: Die Kunstdenkmäler der Stadt Flensburg, Deutscher Kunstverlag, Berlin 1955.

Schwensen, Broder (Hg.): Die Flensburger Walzenmühle – Werden und Wandel 1889–2007, Flensburg 2007.

Tede, Frank: Historische Orte erzählen Schleswig-Holsteins Geschichte, Heide 2004.

Uhse, Beate und Pramann, Ulrich: Beate Uhse: »Ich will Freiheit für die Liebe« – Die Autobiographie, Ullstein Taschenbuchverlag, München 2001.

Wenzel, Eiko und Gram, Henrik: Zeitzeichen – Architektur in Flensburg, Verlagshaus Leupelt, Handewitt 2015.

Die Autorin

Jela Henning, Jahrgang 1970, ist gebürtige Berlinerin, die ein Volontariat beim NDR in den Norden verschlug. Seit 1998 arbeitet sie hier als freie Fernsehjournalistin, kennt Land und Leute und ist immer auf der Suche nach der Geschichte hinter der Geschichte. Privat reist sie gerne um die Welt.

Der Fotograf

Jens Hinrichsen, geboren 1961 in Kiel, arbeitet als Bildjournalist und Fotograf für Agenturen, verschiedene Tageszeitungen und Buchprojekte sowie als Kameramann in der aktuellen Berichterstattung für unterschiedliche Sendeformate.